Shuilixue Wenxian Jiansuo

水利学文献检索

李国庆　　主　编
邢鹏远　董　梅　　副主编

云南大学出版社
YUNNAN UNIVERSITY PRESS

图书在版编目（CIP）数据

水利学文献检索 / 李国庆主编. -- 昆明 : 云南大学出版社, 2021

ISBN 978-7-5482-4250-5

Ⅰ. ①水… Ⅱ. ①李… Ⅲ. ①水利工程—信息检索 Ⅳ. ①G254.9

中国版本图书馆CIP数据核字(2021)第002150号

策划编辑： 李俊峰
责任编辑： 陈　涵
封面设计： 王婳一

Shuilixue Wenxian Jiansuo

水利学文献检索

李国庆　　主　编
邢鹏远　董　梅　　副主编

出版发行： 云南大学出版社
印　　装： 昆明理煋印务有限公司
开　　本： 787mm × 1092mm　1/16
印　　张： 8.75
字　　数： 126千
版　　次： 2021年4月第1版
印　　次： 2021年4月第1次印刷
书　　号： ISBN　978-7-5482-4250-5
定　　价： 46.00元

社　　址：昆明市一二一大街182号（云南大学东陆校区英华园内）
邮　　编：650091
发行电话：0871-65033244　65031071
网　　址：http://www.ynup.com
E - mail：market@ynup.com

前　言

随着网络技术的快速发展，文献检索已成为高等院校和科研机构的大学生、科研人员必备的信息获取技能。编者根据多年文献检索教学实践经验和体会，以及丰富的相关社会实践，结合水利学教学特点，编写了这本《水利学文献检索》，供高等院校和水利学研究领域的科研人员参考和使用。

本书章节的安排由浅入深、循序渐进，充分考虑科研、教学和实践需要，全书共分为九章，较系统、详细地介绍了文献检索基础知识、水利学文献检索概述，以及中国知网、维普网和万方国内三大中文数据库的检索与利用，还有水利学领域常用的外文数据库 Engineering Village 的检索与利用，并在此基础上增加了图书检索、水利学专利与标准文献检索、学术论文撰写与发表、学术规范和学术侵权的有关知识，最后结合水利学研究领域的相关实例，重点介绍了水利学领域相关课题的检索过程与分析、水利学领域核心期刊的检索方法等，使读者特别是水利学相关领域的研究人员能够全面地提高信息获取的能力。本书对高校大学生信息素养的培养也具有重要意义，可作辅助教材使用。

在本书编写过程中，编者查阅了大量的文献检索知识，借鉴了国内外相关专家、学者和同行的研究成果，在此一并表示感谢。由于现代信息技术发展迅速，编者掌握的文献信息知识有限，书中难免存在错误与不足，恳请广大读者指正。

编　者

2020 年 11 月

目 录

第 1 章　文献检索概述

1.1　文献概述

中国国家标准《文献著录总则》中对“文献”的定义：“文献是记录有知识的一切载体，其中的载体是指记录信息符号的物质资料。”也就是说，文献是指使用文字、声频、视频、图像、符号等作为记录信息的手段，将信息记录在一定的物质载体上，起到存贮和传播信息的一切载体。在现代，这些存贮信息的载体主要是指纸张、光盘、胶片、硬盘等，即主要是纸质载体和非纸质载体两种，构成了文献保存和传递的主要载体形式。

文献在人类社会信息发展过程中起到了重要作用。（1）作为科学研究过程和结果的最终表现形式：人类在进行科学研究过程中，需要通过查阅大量文献资料支持科学研究的发展，同时需要以文献的形式最终表达研究成果，这些研究成果又可作为其他人研究的支撑文献；（2）传播知识信息的最佳手段：科学研究成果产生后，需要以一定的形式表达并传播，以推动知识信息的快速传播和交流；（3）衡量科研人员科研价值和确立其科研地位的重要手段：科研人员在研究过程中，将自己的学术研究成果以文献的形式表达出来，在推动学术研究进步的同时，也体现和展现出个人或团队研究的价值及学术地位。

因此，文献是科学研究成果的重要载体，是传播知识和推动技术进步最有价值的载体。在现代信息社会中，只要充分运用现代科技手段，文献一定能发挥出最大的作用。

1.2 文献资源类型

文献资源的种类繁多，不同类型的文献资源所记载的信息内容也各有侧重。根据不同的划分标准，文献信息资源可分为多种类型。

1.2.1 按内容加工深度划分

依据对文献加工深度的不同，可将文献资源分为零次文献、一次文献、二次文献和三次文献。

1.2.1.1 零次文献

零次文献是一种特殊形式的文献信息资源，是形成一次文献之前的知识信息，指未经正式发表的原始文献或未正式出版的各种书刊资料，例如书信、手稿、记录、笔记等。零次文献一般可通过口头交谈、参观展览、参加各种类型的报告会等途径获取。

1.2.1.2 一次文献

一次文献是研究者从自己的生产、科研、社会活动等的实践经验中总结产生的文献。从正式发表或出版的角度来说，是指人们根据自己的科学实验、生产实践的成果而撰写的并通过某种渠道公开发表的文献，也被称为原始文献。在整个文献信息资源中，一次文献数量最大、种类最多、内容新颖性强、使用范围广泛、影响力相对较高，具有创新性、实用性和学术性等特点，例如期刊论文、专利文献、科技报告、会议文献、学位论文、标准文献等均属于一次文献。

1.2.1.3 二次文献

二次文献是指将分散、无序的一次文献信息经过加工、提炼、压缩和整理后形成集中、有序化的各种检索工具，供研究者迅速、准确地查询所需信息，其不对一次文献信息提供评论，仅仅作为提供一次文献的检索线索，因而又被称为具有检索功能的检索工具或检索系统。二次文献的主要特点有三个：第一，二次文献是对一次文献信息进行加工整理，对文献不具有创造性；第二，二次文献仅提供对一次文献信息的检索，具有工具性；第三，二次文献是具有检索功能的检索工具或检索系统。

二次文献主要包括各类目录、索引、文摘和题录等。

1. 目 录

目录又称为书目，是对图书、期刊等单独成册出版的文献特征的记载和描述，主要用于检索国内外的图书、期刊。目录一般是以一个完整的出版单位或收藏单位作为基本的著录单位，常以“本”“种”“件”等为报道单位。在科学研究过程中，研究者往往需要了解某一段时期内文献的出版情况、某一图书馆的文献收藏情况、所需的书刊资料等，都离不开书目型检索工具。目录的著录项目主要有书（刊）名、卷（期）数、作者、出版年月、出版地、书（刊）收藏情况等。目录类型具有多样化的特点，检索图书的检索工具有《全国新书目》《全国总书目》《科技新书目》《外文图书联合目录》等，检索期刊的检索工具有《全国报刊简明目录》《中国报刊大全》《全国西文期刊联合目录》等。检索标准的检索工具有《国家标准目录》《中华人民共和国国家标准和部标准》《ISO 标准目录》等。

2. 索 引

索引是按照题名、人名、地名、主题词、专利号、报告号等对一组文献信息进行集合的系统化的指引。根据索引定义，可将索引分为主题索引、著者索引、分类号索引等。索引可帮助研究者找到与某个主题相关的集合文献，是进一步检索相关信息的指引。

3. 题　录

题录是目录的进一步发展，以出版物中的“篇”为单位，除了篇名，还有著者和出处，在揭示文献信息上比目录更进一步。另外，题录与索引功能相近，有时也被称为索引。

4. 文　摘

文摘是将文献的内容、学术观点、数据等浓缩、提炼、摘录下来，并按照一定著录规则编排起来的一种检索系统，由题录信息加上主要内容构成。

1.2.1.4　三次文献

三次文献是指利用二次文献作为线索，系统检索出一批一次文献，再对这些一次文献的内容进行综合、分析、概括、述评而撰写出来的再生型文献。三次文献源于一次文献，又高于一次文献，是一种再创性文献。三次文献可分为综述研究类和参考工具类两种，综述研究类文献，如专题述评、动态、综述、学科总结、进展报告等；参考工具类文献，如年鉴、手册、百科全书、词典、大全等。

根据上述对文献资源类型的描述，我们对零次文献、一次文献、二次文献和三次文献之间的关系进行分析。从检索的角度来看，一次文献是检索的目标和对象；二次文献是检索的工具和手段；三次文献既是检索目标又是检索手段。从知识加工的角度来看，零次文献是一次文献最基本的信息源；一次文献是文献信息检索和利用的主要对象，具有创造性；二次文献是一次文献的集中提炼和有序化，是文献信息检索的工具；三次文献则是把分散的零次文献、一次文献、二次文献按照专题或知识门类进行综合分析加工而成的研究成果，是高度浓缩的文献信息，既是文献检索和利用的对象，又是检索文献的工具。从文献利用策略来看，一次文献是最终的被检索对象和利用对象，二次文献和三次文献均可作为检索工具。

1.2.2　按载体形式划分

根据文献载体形式的不同，可划分为纸质文献和非纸质文献两种。

1.2.2.1　纸质文献

纸质文献又称为印刷型文献，是一种以纸介质为载体，以书写或印刷方式作为记录手段的信息文献类型。这是传统文献信息的基本形式，也是目前文献信息的主要形式，是人类长期以来并一直用于获取信息的重要载体，其优点在于读取方便、便于流通、不受时空限制等，但其缺点是存储信息密度低、占据空间大、携带方便度差等。

1.2.2.2　非纸质文献

非纸质文献可分为缩微型文献、声像型文献和电子型文献三种：（1）缩微型文献是以感光材料为载体，以照相为记录手段的一种文献形式，如缩微胶卷、缩微平片、缩微卡片等；（2）声像型文献又被称为视听型文献，是以磁性和感光材料为载体记录声音、图像的一种文献形式，如唱片、录音带、录像带、幻灯片等；（3）电子型文献是以计算机技术记录信息的一种文献形式，通过编码和程序设计将文献以符号和机器语言输入计算机，存储在磁带或磁盘上，阅读时再由计算机输出。

1.2.3　按出版类型划分

文献资源按照出版类型一般可分为十类，其名称、定义、作用、优缺点及在参考文献和检索刊物中的著录信息等介绍如下。

1.2.3.1　图　书

图书文献资源是目前品种最多和数量最大的信息存储的载体，是经过加工重组的文献，具有系统、完整、全面、成熟等特点，是文献的主要出版形式。图书从编写到出版的周期在3个月到2年之间，出版时间较长、报道速度慢、时效性差、不能及时反映最新的研究成果。图书一般包括以下几种类型：专著、教科书、参考工具书、论文集、丛书、科普读物等。

识别图书的主要著录特点和依据有书名、著者、出版地、出版社、出版时间、总页数、国际标准书号（International Standard Book Number，简称ISBN）等。

1.2.3.2　连续出版物

连续出版物是一种具有统一名称、固定版式、统一开本、连续编号、汇集多位著者的著述，是定期或不定期连续性出版的文献资源。连续性出版物又可分为期刊、报纸和年度出版物。

1. 期　刊

期刊又被称为“杂志”，是一种具有固定题名、定期或不定期出版的连续性出版物。根据出版周期，期刊有周刊、半月刊、月刊、双月刊、季刊、年刊等。期刊是较为重要的文献类型之一，具有出版周期短、反映新成果速度快、信息量大、内容新颖、详尽专深等特点。根据统计，文献需求的70%来源于期刊，是利用率最高的文献类型之一。识别期刊的主要著录特点和依据有期刊名称、期刊出版的年、卷、期、国际标准刊号（International Standard Serial Number，简称ISSN）等。

2. 报　纸

报纸主要以刊载新闻和时事评论为主，是一种定期、连续地向公众发行的连续性出版物，主要类型有日报、周报，具有综合性和专业性等特点，内容较为丰富。

3. 年度出版物

年底出版物汇集年内重要资料，每年出版一次，包括年报、年鉴及按年度出版、修订的百科全书等。其具有内容系统、资料性强、便于检索的特点。

1.2.3.3　科技报告

科技报告是科学研究过程中各科研机构、学术团体和研究所等单位或个人向上级或委托单位撰写的关于某个科技研究成果的研究报告，是科技成果的总结或科技成果产生过程中每一阶段进展情况的记录。科技报告可分为技术报告、技术备忘录、札记、通报等类型。科技报告属于一次文献，具有内容新颖、专业性强、详尽专深、可靠、保密性强，以及反映新兴科学和尖端科学等特点。通常来说，每篇科技报告单独成册、统一编号，由主管机构连续出版，是获取最新研究成果的重要情报源。识别科技报告的著录特点和主要依据有报告名称、报告号、研究机构、完成时间等。

有些科技报告因涉及尖端科技、国防等领域，又被分为绝密、秘密、内部限制发行和公开发行几个等级。国际上比较著名的科技报告来自美国政府的四大报告：PB（商务部）、AD（军事系统）、NASA（国家航空与航天局）、DOE（能源部）。

1.2.3.4　学位论文

学位论文是指高等院校和科研机构中的大学生或研究生为获得学士、硕士和博士学位资格，在导师指导下完成的科学研究、科学试验成果的书面报告。学位论文按学位分为学士论文、硕士论文和博士论文。学位论文撰写完成后，需要经过学术领域内的专家进行审查，多数不出版发行，具有一定的独创性、内容专深、学术性强、系统详尽，以及较高的学术研究价值和实用价值等特点。学位论文的收藏地一般设在授予学位单位、国家规定的国家图书馆、中国科技信息所、中国社科院文献信息中心等机构。

识别学位论文的主要著录特点和依据有学位论文名称、导师姓名、学位授予单位等。

1.2.3.5　会议文献

会议文献是指科技工作者在各种学术会议上宣读、交流、发表的论文、报告或讨论记录等相关资料。学术会议是围绕某一学科或专业领域进行相关领域内成就、课题等的交流和探讨，具有学术性强，以及反映最新研究成果等特点。会议文献通常分为会前文献、会中文献和会后文献三类，如会前文献有会议日程、会议论文预印本等，会中文献包括会议论文、有关文件、讨论稿等，会后文献有各种会议录等。

识别会议文献的主要著录特点和依据有会议名称、会议时间、会议地点、会议主办单位、会议录出版单位等。

1.2.3.6　标准文献

标准文献是指对工农业产品和工程建设各个方面的质量、规格、参数及其检验方法等做出的技术规定，是从事生产和建设的一种共同的技术依据。与标准化活动有关的一切文献都可以叫作标准文献，作为一种规范性文献，它具有一定的法律约束力，一般由权威机构公认或主管部门批准。随着技术的不断发展，标准需要根据规定程序不断地修订和制订，因而标准文献能够体现出该技术研究领域的发展水平，可以获取大量有价值的信息。标准文献的特点是具有独立性、完整性和法律约束性。根据制定和审批机构的不同，标准文献可分为国际标准、区域标准、国家标准、行业标准、地方标准、企业标准等。

识别标准文献的主要著录特点和依据有标准号、标准名称等。

1.2.3.7　专利文献

专利文献是指实行专利制度的国家申请，审批专利过程中所产生的专利申请书、说明书，专利局出版的专利公报、分类表、索引、说明书等各种文献，其中最重要的是专利说明书，它是专利的发明者或申请人要想使自己的发明或创新得到国家的保护，不为他人无偿占有，而向专利局提供的详细阐述该发明内容及技术要点的文件。专利需经专利局审核后向全世界出版发行，以获取法律保护，所以具有内容具体、详尽可靠，以及新颖性、实用性和创新性的特点，能够反映科学研究的最新技术水平，是科学技术进步的重要信息来源。

识别专利文献的主要著录特点和依据有专利号、专利名称、申请人、申请时间等。

1.2.3.8　政府出版物

政府出版物是指各国政府及所属机构制作出版或由政府指定出版商出版的文献，其具有政策性、权威性、综合性和指导性强的特点，通常由行政性文件（国会记录、政府法令、决议、方针政策、会议文件、法令汇编、公告、条约集、调查报告等）和科学技术文献两部分构成。政府出版物对于了解某国的科技、经济等方面的相关政策和事件有一定参考价值。

1.2.3.9　产品技术资料

产品技术资料是对产品的性质、构造、用途、用法和操作规程等而印制的各种宣传资料、技术资料、产品目录、产品样本和产品说明书等。产品技术资料的特点是图文并茂、直观形象、内容具体、出版迅速，反映的技术信息翔实可靠，是了解产品和生产技术的重要信息源。产品技术资料对于了解竞争对手的产品技术、生产、销售等情况，以及提高市场技术竞争力等具有重要价值。

识别产品技术资料的主要著录特点和依据有公司名称、产品名称、内容、联系方式等。

1.2.3.10　档案

档案是人们在从事社会活动中形成的、作为原始记录、按一定规律集中保存以备查考的具有历史价值的文献。通过档案，我们能够了解事物的过去和现在，以便更好地遇见未来。档案主要包括信件、日记、备忘录、会议纪要、照片、报告、协议、证明等，其特点是凭证价值、参考价值和情报价值。档案按照内容可划分为政治档案、经济档案和科技档案等，一般不公开发行，有些具有保密性，并限制使用范围，因而在检索工作中极少使用。

科技报告、学位论文、专利文献、标准文献、会议文献、产品技术资料、档案、政府出版物等通常被统称为特种文献，所谓特种文献是指具有特定内容、特定用途、特定出版发行方式的文献。特种文献具有少数正式出版发行、多数为非正式出版物，在内部发行，内容新颖、专深、实用性强、颇具参考及利用价值的特点。许多特种文献通过非正式渠道发表，获取较为困难，因而也被称为“灰色文献”。

以上按照出版类型划分的各种文献类型，在信息传播和交流过程中各有特点，在科研和工作过程中的作用也有所不同，应根据研究的实际需要选择合适的文献信息源。

1.3 水利学文献检索概述

1.3.1 水利学文献检索的意义与作用

所谓文献检索，是指对文献资料的查找和获得。“检”即是查找，“索”即是获得与索取。水利学文献检索是指在进行水利学各种科研和工作活动中，检索者利用检索工具或检索系统按照文献信息资源编排的特点，采取一定的检索途径、检索方法和检索步骤，将所需的水利学相关文献资料查找出来，并加以利用。在科学技术飞速发展的今天，文献信息资源的数量、种类快速增加，想要从大量、无序、分散的文献中获得自己所需要的文献资料，存在一定的困难。为了使我们在学习、工作、科学研究过程中节省时间、少走弯路、节约经费等，文献的检索与利用将发挥巨大的作用。

水利学是在水利建设中对水流与边界（河床、水工建筑物、水力机械、岩土孔隙等）相互作用进行研究，为水利工程的勘测、规划、设计、施工和运行管理等方面提供科学依据的学科。在水利学研究过程中，掌握水利学文献信息检索的准确性、精确性的方法，对水利学研究领域的科研人员和工作人员适应未来社会和跨世纪科研具有极其重要的作用。一个善于从水利学领域中获取文献的科研人员或工作人员，必定比不具备这一能力的人拥有更多成功的机会。因此，掌握水利学文献检索技能，对于水利学研究领域的发展具有意义。具体说来，水利学文献检索具有以下六个方面的意义和作用。

1.3.1.1　是培养水利学领域的研究者信息素养的重要途径

信息素养是大学生、科研工作者等研究者应具备的素质的基本内容之一。培养研究者的信息意识，可以使其充分掌握水利学信息领域的基本知识，以便更好和更高效率地对相关信息进行检索、分析、加工和利用。

1.3.1.2　水利学领域创新型人才应具备的基本技能

在任何学科领域的研究中，掌握和熟练运用文献检索知识都是创新型人才应具备的基本技能，而创新型人才的培养首先要让其有创新思维，创新思维是人们在创造性活动中所特有的思维过程，它是以独特的思维方式发现、提出、解决疑难问题，创造出新观点、新理论、新知识、新方法的一系列心理过程。因此，在水利学领域研究中，需要掌握大量的水利学信息资料，掌握信息检索技术与方法。

1.3.1.3　继承借鉴前人成果的主要手段

科研工作者进行科研课题研究时，首先需要通过文献检索对课题的历史研究情况、国内外研究现状、存在问题、研究方向等进行详细了解。在了解前人的研究实践经验基础之上，根据自己的实践和知识积累，并借鉴前人实践经验，获得新的知识和信息，从而促进信息资源的快速开发和利用，加速课题研究工作的进程。

1.3.1.4　能避免重复研究和少走弯路

科研工作的任务是为了创造新的知识成果，所以科研立题必须建立在完全的、充分的信息检索基础之上，否则很容易造成科研项目的重复研究，造成人力和物力的严重浪费。据统计，我国低水平重复研究现象比较严重，尤其省级及其以下科研项目，重复率达到50%。

1.3.1.5　能够节约时间、提高科研效率

科学研究一般包括资料准备阶段和研究阶段。据美国科学基金会统计，一个科研人员花费在查找和消化科技资料上的时间占全部科研时间的51%。因此，高效的信息检索不仅能使科研人员减少查找资料的时间，而且还能启发新的思路，对研究工作具有极大的帮助作用，最终缩短科学研究的时间。

1.3.1.6　是科学决策的必要前提

信息是决策的前提和基础，在决策中起重要作用。正确的决策受多种因素影响和制约，其决定因素在于决策者对决策对象是否有确切的了解和把握，对未来行动和后果是否有正确的判断，这就要求决策者能够及时、准确、全面地掌握信息。

1.3.2　水利学文献检索的步骤

水利学文献检索是根据水利学研究领域的相关课题要求，按照一定的检索途径、方法和技术，通过检索工具和检索系统，将所需的水利学领域文献查找出来。水利学文献检索全过程可分为以下几个步骤：

1.3.2.1　分析检索课题，明确检索需求

文献检索过程是一种逻辑推理的过程，在进行水利学相关课题研究前，首先要对所检课题的学科属性、专业范围及相关内容进行详细、深入的分析，明确课题研究的目的、检索范围、检索时间、所需文献信息类型、检索工具或检索系统等。通过深度分析研究课题，明确课题检索要求，对后续的检索词提取、检索词逻辑关系、检索式编辑等检索策略制定过程具有铺垫作用，能够较高效地完成查全型和查准型课题。

1.3.2.2　选择检索系统，确定检索途径

在详细、深入地分析所研究的课题后，根据课题检索要求，首先要选择合适的检索系统或检索工具，例如，在水利学研究领域，应选择与水利学学科的主题范围、文献类型等收录相对较全、质量较高的检索系统或检索工具，以保证数据的全面性和准确性，即查全率和查准率。在选择合适的检索系统之后，需要确定文献的检索途径，如以文献的外部特征为检索途径的有题名途径、责任者（著者）途径、号码途径、机构途径；以文献信息的内容特征为检索途径的有分类途径、主题途径等。确定准确合适的文献检索途径，对研究结果的数量、准确度等均会产生明显影响。例如，分别在题名途径和主题途径下输入检索词“水土保持措施”，从检索结果的文献数量来看，主题检索途径文献数量多于题名检索途径；而从检索结果准确度来看，题名途径相对能够更快速和准确地覆盖检索词。因此，合适的检索途径对检索结果的查全率和查准率都会产生一定影响，在检索过程中要慎重选择，避免耗费大量研究时间。

1.3.2.3　选择检索词，构造检索式

检索词主要有主题词、学科基本名词术语、常用的基本词等，是表达文献信息需求的基本元素，也是计算机检索系统中进行匹配的最基本单元。检索词选择的准确与否，直接影响到检索结果的准确性。选择检索词要遵循以下原则：优先选用叙词或主题词作为最基本的检索词；要从词表规定的专业范围出发，选用各学科内具有检索价值的基本名词术语；如选择的检索词无词表可查，可选择自由词作为检索词；选词要适应待检数据库的检索用词规则；通常要选择常用的基本词汇进行匹配。

将选择后的多个检索词按照检索系统对检索式编辑规则的要求，运用逻辑运算符构造符合课题要求的检索式进行检索。检索式是检索过程中用来表达用户检索提问的逻辑表达式，由检索词和各种连接组配符号（各种逻辑运

算符）组成。通过检索式的检索，最终实现和完成课题检索目的。

1.3.2.4　试验性检索，调整检索式

无论检索课题是简单还是复杂，一般应先根据检索式进行快速地试验性检索，以检验制定的检索式是否合理和有效。若根据试验性的检索结果对检索式进行调整，可从检索途径、检索方法，甚至是对检索系统或检索工具着手进行调整，以求最大限度地满足课题检索的要求。

1.3.2.5　实施正式检索，获取所需文献

在多次的试验性检索和调整检索式过程中，对最终确定满足课题检索要求和目的的一个或多个检索式实施正式检索。但是在实际检索中，仍要根据阶段性检索成果或实际问题随时调整检索策略，灵活运用检索系统、检索途径和检索方法，这是检索成功的保证。

当检索最终完成后，根据课题检索需求，对满足要求的检索结果进行文献整理，以便获取所需文献。获取所需文献的方式主要有：第一，从已购买的全文数据库中直接获取；第二，可从未购买的全文数据库中计费获取；第三，在无电子全文情况下，可通过馆际互借或文献传递获取；第四，可直接向文献作者获取；最后，在以上方式都无法实现的情况下，可向出版发行单位购买。

第 2 章　文献检索基础知识

2.1　检索途径

检索途径是指将大量文献信息，按照某种特征作为检索标识对相关信息进行检索的途径。根据文献特征，检索途径可分为外部特征检索途径和内容特征检索途径。外部特征检索途径可分为题名途径、著者途径、序号途径等；内容特征检索途径可分为分类途径、主题途径等。

2.1.1　外部特征检索途径

2.1.1.1　题名途径

题名包括书名、期刊名、篇名等，而题名途径则是按照图书、期刊、文献篇名等的名称字顺排列来进行检索图书、期刊等的途径。常用的题名途径工具书有《图书书名目录》《期刊刊名目录》等。在进行篇名检索时，虽然能够快速命中检索结果，但由于篇名较长，通过题名途径检索到的相同内容的文献较为分散，不能快速、集中、准确地得到所需文献，需要通过浏览所有文献篇名才能确定检索结果是否满足要求。

2.1.1.2　著者途径

著者包括个人著者、共著者、团体著者、专利权人等，而著者途径是根据对已知文献的著者姓名进行文献检索的途径。常用的著者途径检索系统有“著者目录”“著者索引”等。科研人员在各自的科研领域有所专长，发表的文献具有系统性和连续性，可通过著者途径检索某一科研人员在某一研究领域的主要文献。但使用著者途径检索时，应注意同名著者的存在，必须配合著者所属机构、研究领域主题词、所属学科分类等使用，方能达到较好的检索效果。著者途径仅能对著者研究领域进行检索，不能满足对某一研究课题的全面了解，不可作为主要检索途径。

2.1.1.3 序号途径

序号途径是通过报告号、专利号、标准号、登记号等进行检索的途径。在事先知道科技报告的报告号、专利文献的专利号、标准文献的标准号等文献序号的情况下，通过序号途径可快速准确地查找到所需类型的文献。但是通过序号途径检索到的文献数量有限，不能全面了解某一研究课题内容，也不可作为文献检索的主要途径。

2.1.2 内容特征检索途径

2.1.2.1 分类途径

分类途径是按照文献所反映的内容所属的学科分类体系作为线索来检索文献的途径，它以检索系统中的分类索引和分类目录为依据，按照文献分类规范，并以某种学科分类体系为中心，将相同专业学科的文献集中，并以字母或数字赋予文献代号（即分类号）的一种获得文献信息的检索途径。例如，目前我国各级各类图书馆均以《中国图书馆图书分类法》（简称《中图法》）作为图书分类、管理、组织、利用的依据和基础。《中图法》根据图书内容所属学科，采用字母作为学科代号，将图书划分为五个部类（A. 马列主义、毛泽东思想、邓小平理论；B. 哲学；C—K. 社会科学；N—X. 自然科学；Z. 综合性图书），22 个基本大类。由于分类途径以学科集中文献，更便于族性检索，可以准确地检索某一学科领域的文献，但缺点在于对于交叉学科、新兴学科领域的文献没有进行专门分类，对这些学科领域文献的查找造成不便。

2.1.2.2　主题途径

主题途径是按照文献的主题内容进行文献检索的途径，它以检索系统中的主题索引、关键词索引、叙词索引等为依据，是以文献中能够表达文献主题概念和具有实际意义的检索词为检索标识获得文献信息的检索途径。主题途径能够将同一主题，并且属于不同学科范畴的文献集中，较好地满足特性检索需求，但对于特定主题的研究，需要检索者对检索结果进行筛选，从而对特定学科领域文献的查全率造成一定影响。

2.2　检索语言

检索语言又称为标引语言、索引语言，是用于描述信息资源特征，进行信息检索系统存储和信息检索时使用的一种人工语言，以达到与信息检索系统中存储的信息保持一致性，提高信息检索的准确性和检索效率。与其他检索语言相比，其具有以下特点：（1）具有明确的语义和语法规则，准确匹配检索中的任何标引和提问的内容和主题；（2）具有表达概念的唯一性，对同一概念不会有多种表达方式；（3）具有检索标识和对提问特征进行比较和识别的便利性；（4）同时适用于手工检索系统和计算机检索系统。检索语言的主要功能是在信息存储和检索的全过程中，作为信息标引存储人员、检索人员和信息使用用户之间交流的媒介，保证在信息检索过程中检索的顺利完成。

目前，检索语言的类型有几千种，根据不同的划分方法有不同的类型。

首先，可以按照文献特征进行划分，又可分为两类：

第一，以文献外部特征为主的检索语言。描述文献外部特征的检索语言主要有文献题名（篇名、题目等）、作者姓名、出版者、专利号、报告号等，即将不同文献按照文献题名、作者姓名、出版者、专利号、报告号等字序或数序进行排列来满足用户需求的检索语言。

第二，以文献内容特征为主的检索语言。文献内容特征检索语言比文献外部特征检索语言更为复杂，是对文献内容更深层次的揭示，如文献内容所属的学科分类、主题、关键词等，描述文献内容特征的检索语言主要有分类语言和主题语言两大类。

其次，可以按照标识性质和构成原理进行划分，又可分为两类：

第一，分类语言，是按照学科范畴和体系来划分事物的检索语言，它是以数字、字母符号对类目进行标识的一种语言体系，也可称为分类法，还可分为体系分类语言和组配分类语言。

第二，主题语言，是将文献中的主题词作为标引对象，它是以主题词字的顺序列组织文献，也可称为主题法，又可分为标题词语言、单元词语言、叙词语言和关键词语言。

在文献信息存储和检索过程中，应用最广的是体系分类语言、关键词语言和叙词语言，下面将分条细述。

2.2.1 体系分类语言

体系分类语言是以学科、专业为基础来组织文献，将知识门类从总到分、从上到下层层划分，逐级展开组成分类表，并以分类表标引文献信息。体系分类语言广泛应用于图书、文献资料的分类和检索中，是图书情报学领域普遍使用的一种分类语言。目前，国际上通用的体系分类表有“国际十进分类法”“杜威十进制分类法”“美国国会图书馆分类法”等，国内通用的体系分类表有“中国图书馆图书分类法”（简称中图法）、“中国科学院图书馆分类法”和“中国人民大学图书馆分类法”。

中图法是典型的体系分类语言，其基本类目表采用字母和阿拉伯数字相结合的方式，对类目表以混合号码制进行划分。中图法基本类目表由 5 个基本部类、22 个大类，以及简表和详表构成。5 个基本部类包括：A. 马列、毛泽东思想、邓小平理论；B. 哲学；C—K. 社会科学；N—X. 自然科学；Z. 综合性图书。这 5 个基本部类对应 22 个基本大类（一级类）：A. 马列、毛泽东思想、邓小平理论；B. 哲学；C. 社会科学总论；D. 政治、法律；E. 军事；F. 经济；G. 文化、科学、教育、体育；H. 语言、文字；I. 文学；J. 艺术；K. 历史、地理；N. 自然科学总论；O. 数理科学和化学；P. 天文学、地球科学；Q. 生物科学；R. 医药、卫生；S. 农业科学；T. 工业技术；U. 交通运输；V 航空、航天；X. 环境科学；Z. 综合性图书。每一个一级类对应简表中的若干二级类，即二级类是一级类的详细分类，每一个二级类又对应详表中的若干三级类，三级类又对应若干四级类。由以上各部类、一级类、二级类、三级类和四级类构成中图法的体系分类。

2.2.2　关键词语言

关键词语言中的“关键词”是指直接从文献标题（篇名、章节名等）、摘要、正文中抽提出来，对表征文献主题内容具有实际意义、未经规范化处理的词语，也就是指与文献主题内容密切相关的、重要的、关键性的词语。关键词对文献内容的表达须直接、准确，不受词表控制，能够及时反映新概念，但不能进行缩检和扩检，从而对提高检索效率具有一定限制性。为提高关键词语言的检索效率，在检索系统的索引编制中，采取了编制禁用词表和关键词表等方法来提高关键词提取的准确程度，例如，《化学文摘》（CA）中的“关键词索引”，能够使得关键词检索达到较高的准确性。

2.2.3　叙词语言

叙词语言是主题语言的高级形式，以叙词作为文献检索标识和检索依据，是经过规范化、具有组配功能，并且可以展示词与词之间关系的词或词组的一种检索语言。叙词语言具有多种优越性，具有单元词法词组组配的基本原理，标题词法对词语的严格规范和参照系统，以及分类法的分类原理，是目前主流的检索语言之一，《化学文摘》（CA）和美国《工程索引》（EI）检索系统都采用了叙词法进行编排。

2.3 检索方法

在文献信息检索过程中，科学的检索方法能够迅速、准确地检索到所需要的文献信息，是为实现检索目的而采取的具体操作方法。信息检索方法有很多种，归纳起来主要有工具法、引文追溯法和循环法三种。

2.3.1 工具法

工具法是以主题、分类、作者等作为检索途径，利用检索工具或检索系统获得文献信息资源的方法。从获得课题研究的年份角度又可分为顺查法、倒查法和抽查法。

2.3.1.1 顺查法

顺查法是一种将课题文献的年份以由远及近的顺序排列的检索方法。根据课题分析需要，从课题研究的起始年代，由远及近地对文献进行逐年查找。顺查法的优点是能够逐年检索课题文献，在某种程度上可以反映出某一课题研究的发展全过程，查全率较高。当需要了解某个课题的国内外发展状况时，可采用顺查法对该课题进行文献检索。但顺查法会耗费大量时间，检索效率较低。

2.3.1.2 倒查法

倒查法与顺查法相反，根据课题分析需要，从课题研究的最近年代，由近及远地对文献进行逐年查找。当需要获取与某个课题研究相关的近期文献，即以查准为主要需求时，可采用倒查法，尤其是针对一些较新的研究课题时。与顺查法相比，倒查法在检索过程中更能节省时间，提高检索效率。但缺点是漏检率较高。

2.3.1.3　抽查法

不同于前两种检索方法，抽查法是在课题研究的发展高峰期抽取若干年份的文献进行研究的一种检索方法。抽查法虽然有较高的检索效率，但使用该方法进行课题研究的前提是，必须对课题研究发展背景具有较为详细的了解。

2.3.2　引文追溯法

引文追溯法指的是利用文献末尾所附的参考文献进行相关文献追溯查找的方法。利用该检索方法对课题进行研究时，首先应检索到一两篇与课题内容密切相关的文献，并以这一两篇文献作为情报源，再根据其后所附的与课题研究内容相关的参考文献作为继续追踪课题研究的文献。引文追溯法虽然能够直接追踪到与课题相关的大量参考文献，但检索结果不够全面和系统，对于了解课题研究的历史背景具有一定缺陷，检索效率不高，漏检率较大。

2.3.3　循环法

循环法是将工具法和引文追溯法相结合，从而对文献进行检索的方法。在运用该方法进行课题研究时，首先利用检索系统检索出一批与课题相关的文献，然后根据这些文献后所附的参考文献作为线索继续追溯查找，由此对获得的大量相关文献进行主题分析，再利用检索系统进行检索，如此循环使用工具法和引文追溯法对课题进行检索，直至获得用户满意的检索结果。

2.4　检索技术

检索技术是指在利用检索系统检索相关文献信息时采用的相关技术手

段，主要包括布尔逻辑检索、截词检索、位置检索、字段限制检索和其他检索技术等。

2.4.1 布尔逻辑检索

布尔逻辑检索是利用布尔逻辑运算符进行检索词的逻辑组配而完成的一种检索技术。规定检索词之间的逻辑关系的运算符称为布尔逻辑运算符，常用的布尔逻辑运算符有逻辑“或（OR）”、逻辑“与（AND）”和逻辑“非（NOT）”。多数检索系统支持布尔逻辑检索，可进行三种布尔逻辑运算符中的一种、两种或三种逻辑运算。

2.4.1.1 逻辑“与”运算符

在检索系统中，逻辑“与”运算符可用“AND”“*”或“并且”表示，其含义是指检索结果中必须同时含有逻辑“与”运算符连接的检索词。例如，“A AND B”或“A * B”，该检索式的含义是指检索结果中必须同时包含检索词A和B。逻辑“与”运算能够缩小检索范围，提高检索结果的查准率，但查全率会相对降低。

2.4.1.2 逻辑“或”运算符

在检索系统中，逻辑“或”运算符可用“OR”“+”或“或者”表示，其含义是指检索结果中含有逻辑“或”运算符连接的任何一个检索词或者所有检索词。例如，“A OR B”或“A + B”，该检索式的含义是指检索结果中包含检索词A或检索词B或同时含有检索词A和B。逻辑“或”运算能够扩大检索范围，提高检索结果的查全率，但查准率会相对降低。

2.4.1.3 逻辑“非”运算符

在检索系统中，逻辑“非”运算符可用“NOT”“-”或“不包含”表示，其含义是指排除检索结果中逻辑“非”运算符后面的检索词，只能含有逻辑“非”运算符前的检索词。例如，“A NOT B”或“A - B”，该检索式的含义是指检索结果中包含检索词A，而不包含检索词B。逻辑“非”运算能够缩小检索范围，提高检索结果的查准率，但并不一定能够提高文献信息的准确性，甚至可能降低查准率，一般来说只是起到减少检索结果数量的作用，因此进行课题研究时要慎重使用逻辑非运算符。

在实际检索过程中，使用以上布尔逻辑运算符构造一个检索式进行检索时，其运算优先级顺序视不同的检索系统而不同。对于一个复杂的逻辑运算检索式，检索系统的处理顺序是由左向右进行；在有括号的情况下，先进行括号内的运算；在有多层括号的情况下，先进行最内层括号中的运算，再逐层向外完成运算。

2.4.2　截词检索

截词检索是指在检索词中的不同位置加上不同符号进行截断，检索出包含该检索词在内的其他词的检索技术。截词检索是应用较为普遍的一种扩检技术，尤其在西文检索中应用最为广泛。根据西文构词特点，如名词单复数形式的不一致，英美拼法对于同一含义的词拼法的不一致，以及词干加前缀和后缀的派生词等，在实际检索过程中，仅选择检索词的某一种或几种形式，均有可能造成漏检，且漏检的结果有可能与研究密切相关。因此，采用截词检索能够避免漏检情况的发生，同时可以做到扩大检索范围、提高查全率、减少检索词的输入量、节省检索时间等。截词检索运算符可用“+”“*”“?”等表示，截词检索技术按照截词位置，主要有四种方式：（1）采用检索词右截断，保持检索词前方一致：将检索词词尾部分截掉，比较检索词前方一致的部分，可省去输入检索词各种词尾有变化的麻烦。（2）采用检索词左截断，保持检索词后方一致：将检索词词头部分截掉，比较检索词后方一致的部分，可省去输入检索词各种词头有变化的麻烦。（3）采用检索词左右同时截断，保持中间一致：将检索词词头和词尾同时截断，可用于较复杂和较广泛的课题资料的获取和研究。（4）采用检索词中间截断、保持前后一致：有些检索词中间有若干变化形式，可用于检索词的不同拼写法、单复数拼写不同等。在不同的检索工具中截词运算符代表的字母个数具有不同含义，视具体检索系统的要求来正确使用。

2.4.3 位置检索

位置检索是指使用位置运算符规定检索词之间的关系或距离，对检索词之间的相对位置进行限定，能够使得检索结果更加接近和准确表达检索要求的一种检索技术。位置运算符是调整检索策略的重要手段，根据检索词之间出现的距离和顺序，可使用多种位置运算符对检索词进行调整，以达到精确检索的目的，从而提高查准率。在不同的检索系统中，使用的位置运算符也不同，主要分为以下几种。

1. With 运算符

用（W）或（）表示其两边连接的检索词保持原有排列顺序，顺序不允许颠倒，且要求两个检索词之间不能出现其他词或字母，但允许出现空格和标点符号。

2. n Words 运算符

用（nW）表示其两边连接的检索词保持原有排列顺序，顺序不允许颠倒，且要求两个检索词之间最多可插入 n 个实词或虚词。

3. Near 运算符

用（N）表示其两边连接的检索词顺序可以颠倒，两个词必须保证相邻。

4. n Near 运算符

用（nN）表示其两边连接的检索词顺序可以颠倒，检索词之间最多可插入 n 个词。

5. Field 运算符

用（F）表示其两边连接的检索词顺序和位置不限，但检索词必须出现在检索结果中的同一字段内，如篇名、文摘、叙词、自由词等字段。

6. Subfield 运算符

用（S）表示其两边连接的检索词顺序和位置不限，但检索词必须出现在检索结果的同一子字段内，如出现在篇名、文摘等字段的一个句子中。

2.4.4　字段限制检索

字段限制检索是指采用特定的字段，如篇名、文摘、著者、叙词、自由词等在检索系统中进行查找的一种检索技术。常用的检索字段包括：篇（题）名字段（title，TI）、文摘字段（abstract，AB）、著者字段（author，AU）、著者机构字段（corporate source，CS）、刊名字段（journal，JN）、叙词字段（descriptor，DE）、自由词字段（identified，ID）、出版年字段（publication，PY）、语种字段（language，LA）、文献类型字段（document type，DT）、分类号字段（classification，CC）等。其中，篇（题）名字段、文摘字段、叙词字段和自由词字段属于基本检索字段，著者字段、著者机构字段、语种字段和文献类型字段属于辅助检索字段。使用字段限制检索时，被检索词仅在特定的限定字段中被检索，对检索结果数量和相关程度产生极大影响，一定情况下能够提高检索结果的查全率或查准率。

2.4.5　其他检索技术

不同的检索系统规定使用的检索技术有所不同，而且同一检索运算符的具体表现形式也因检索系统的不同而有所不同，在具体的操作中，只能视具体检索工具的要求来使用。除以上几种基本的检索技术外，还有加权检索、超文本检索、知识发现检索等多种检索技术。

2.5 检索效果评价

检索效果是指利用检索系统或检索工具实施检索时所获得的检索结果的有效程度，是检索结果满足检索者需求的程度，也是衡量检索系统（工具）质量的基本指标。

2.5.1 检索效果评价指标

常用的检索效果评价指标有查全率、查准率、漏检率和误检率4个参数，各参数意义量化表如2-1所示。

表2-1 检索效果评价指标意义量化表

	相关文献总量（a+c）	非相关信息总量（b+d）
检出文献总量（a+b）	检出的相关文献总量（a）	检出的非相关文献总量（b）
未检出文献总量（c+d）	未检出文献总量（c）	未检出非文献总量（d）

1. 查全率

查全率是指检出的相关文献总量与检索系统中相关文献总量的比率，可用来衡量检索系统检出相关文献的能力，反映检索系统中实际相关文献量有多大程度被检出的比率。

查全率=检出相关文献量/检索系统中相关文献总量×100%=a/（a+c）×100%

2. 查准率

查准率是指检出的相关文献总量与检出文献总量的比率，可用来衡量检索系统检出相关文的准确度，反映检出的相关文献量的准确程度。

查准率=检出相关文献量/检出文献总量×100%=a/（a+b）×100%

3. 漏检率

漏检率是指未检出相关文献总量与检索系统中相关文献总量的比率，可用来衡量检索系统漏检相关文献的情况。

漏检率 = 未检出相关文献量/检索系统中相关文献总量 ×100% = c / (a + c) ×100%

4. 误检率

误检率是指检出的非相关文献总量与检出文献总量的比率，可用来衡量检索系统误检非相关文献的情况。

误检率 = 检出非相关文献量/相关文献总量 ×100% = b / (a + b) ×100%

一般来说，查全率表示在实际应该得到的文献信息中已经检出了多少相关文献；查准率表示在已经检出的文献信息中能够准确描述课题内容的相关文献有多少；漏检率表示在实际应该得到的文献信息中有多少相关文献量没有被检出；误检率表示在已经检出的文献信息中与课题内容不相关的文献有多少。可见查全率与查准率是两个相互矛盾的参数，查全率需要的文献信息量比实际需求的文献信息量大，这样会降低漏检率和查准率，追求查准率，必须保证得到的文献信息是实际需求的文献信息，否则会不可避免地造成一些相关文献被漏掉，查全率得不到保障。综上所述，查全率和查准率是反映一个检索系统检索效果的两个重要指标。在实际检索过程中，很难测算和平衡这两个指标，主要是因为检索者对准确确认检索系统中相关文献信息量和检出的相关文献信息量存在诸多不确定性因素，而且不同检索者对同一课题的判断也不相同。也就是说，在实际检索中存在诸多主观因素和客观因素，只能让评价效果指标达到相对平衡。

2.5.2　影响检索效果的因素

影响检索效果的因素主要来自两大方面，一个是检索系统，另一个是检索者。检索系统是存储文献信息的载体，检索者是对检索系统中存储的文献信息进行检索。检索效果评价指标与检索系统中存储的相关文献信息量和检索者本身主观因素直接相关，例如，与检索系统中存储的文献信息收录起止范围、标引语言、文献类型等，以及检索者对课题理解程度、检索技术的熟练程度、检索策略完善程度等有着密切关系。

1. 检索系统质量

检索系统质量包括检索系统（工具）中文献收录起止时间范围小、文献收录类型不齐全、文献库中相关高质量信息偏少、检索词缺乏专指性、词表结构不完整、检索词之间的关系模糊、检索标识不详细或不准确、检索标识与文献标识匹配度差、检索语言与文献标引语言不匹配等内容。

2. 检索者主观因素

检索者主观因素包括检索者对研究内容的专业性和熟练程度、分析课题的准确程度、检索词提取的准确性、检索策略制定是否完善、检索系统选择是否合适、检索词逻辑关系是否恰当、检索方法和检索途径是否过于单一等内容。

2.5.3 检索效果改进和优化措施

详细分析影响检索效果的因素后，可从检索系统和检索者两个检索效果影响因素着手，对检索效果进行改进和优化。

2.5.3.1 改进措施

1. 选择合适的检索系统

根据课题检索目的和要求，选择最恰当的检索系统，这是保证检索效果的重要环节之一。每一个检索系统在文献收录起止范围、文献类型、标引语言、检索标识匹配、文献质量等都有自己的特色和偏向性，以满足不同检索者的检索需求。

2. 完善检索策略

制定和完善检索策略是进一步确定检索效果优劣的关键措施，对检索者本身的要求较高。检索者首先要具备良好的文献检索知识，对检索对象具有足够的了解和正确的理解，进而正确表达检索要求，制定和完善检索策略，保证检索效果达到最佳。完善的检索策略的制定过程主要包括以下几个方面：第一，准确分析课题主题内容，提取最佳检索词。准确分析研究课题的主要内容是准确提取检索词的前提，分析课题不准确、不细致，将会导致检索词的提取不恰当，进而影响后续检索表达式的制定和检索结果的准确程度。第二，明确检索词之间的逻辑关系，制定合适的检索表达式。满意的检索结果最终是由检索表达式来完成的，检索表达式是由检索词和各种布尔逻辑运算符、位置算符、截词算符等组配后连接组成。检索词逻辑关系混乱，以及检索表达式不正确将会直接影响检索结果的查全率和查准率，导致误检率和漏检率提高。第三，提高检索技巧。提高检索者对检索技术、检索方法、检索途径等知识的灵活运用和使用技能，以便更充分地发挥检索系统的功能。

2.5.3.2 优化措施

1. 检索结果中查全率较高，但误检率也较高

①减少同义词与同族相关词；②增加限制概念，采用逻辑“与”连接检索词；③使用字段限制检索，将检索词限定在一定的字段范围；④使用逻辑“非”运算符，排除无关概念；⑤增加语种限制、缩短检索期限；⑥调整位置算符，由松变严；⑦将截词的词根变长或减少截词算符的使用。

2. 检索结果中漏检率过高

①选择同义词与相关词，并用逻辑“或”将它们连接起来，增加网罗度；②减少逻辑“与”和逻辑“非”的运算，丢掉一些次要的或者过于专指的概念；③去除某些字段限制；④增加上位概念；⑤选择更合适的检索系

统；⑥调整位置算符，由严谨变宽泛；⑦增加截词算符的使用。

3. 检索结果中查准率较低，误检率过高

①对叙词进行相关限定，如学科限定；②提高分析课题的能力，确定最佳检索词；③尽量减少使用全文字段检索；④正确使用缩写词。

第3章　中文水利学文献检索工具

3.1　中国知网数据库

3.1.1　中国知网的概况及简介

国家知识基础设施（National Knowledge Infrastructure，NKI）的概念是由世界银行《1998年度世界发展报告》提出。1999年3月，以全面打通知识生产、传播、扩散与利用各环节信息通道，打造支持全国各行业知识创新、学习和应用的交流合作平台为总目标，王明亮提出建设中国知识基础设施工程（China National Knowledge Infrastructure，简称CNKI），并被列为清华大学重点项目。在党和国家领导以及教育部、中宣部、科技部、新闻出版总署、国家版权局、国家发改委的大力支持下，在全国学术界、教育界、出版界、图书情报界等社会各界的密切配合和清华大学的直接领导下，CNKI工程经过多年努力，研发团队采用自主开发并具有国际领先水平的数字图书馆技术，建成了世界上全文信息量规模最大的"CNKI数字图书馆"，并正式启动建设《中国知识资源总库》及CNKI网格资源共享平台，通过产业化运作，为全社会知识资源高效共享提供最丰富的知识信息资源和最有效的知识传播与数字化学习平台。

CNKI的具体目标：（1）大规模集成整合知识信息资源，整体提高资源的综合和增值利用价值；（2）建设知识资源互联网传播扩散与增值服务平台，为全社会提供资源共享、数字化学习、知识创新信息化条件；（3）建设知识资源的深度开发利用平台，为社会各方面提供知识管理与知识服务的信息化手段；（4）为知识资源生产出版部门创造互联网出版发行的市场环境与商业机制，大力促进文化出版事业、产业的现代化建设与跨越式发展。

凭借优质的内容资源、领先的技术和专业的服务，中国知网在业界享有极高的声誉。在2007年，中国知网旗下的《中国学术期刊网络出版总库》获首届“中国出版政府奖”，《中国博士学位论文全文数据库》《中国年鉴网络出版总库》获提名奖。这是中国出版领域的最高奖项。国家“十一五”重大网络出版工程《中国学术文献网络出版总库》也于2006年通过新闻出版总署组织的鉴定验收。

3.1.1.1 《中国知识资源总库》的简介

《中国知识资源总库》简称《总库》，是CNKI所开发的具有完备知识体系和规范知识管理功能的海量知识信息资源的学习系统和知识挖掘系统，由清华大学主办、中国学术期刊（光盘版）电子杂志社出版和清华同方知网（北京）技术有限公司发行。《总库》由数百名科学家、院士、学者参与建设，历经十年精心打造，是一个大型的动态知识库、知识服务平台和数字化学习平台。目前，《总库》拥有学术期刊、博硕士学位论文、会议、专利、标准、图书、年鉴、政府文件、科技报告、报纸、百科、词典、工具书、引文数据库等知识资源。另外，《总库》中的数据库种类不断在增加、内容每日更新，每日新增数据达到上万条。

《总库》的检索界面以“三层文献检索”模式构建知识资源内容，融为一个具有知识网络结构的知识单元整体。

1. 第一层：文献检索

文献检索单元由各种文献信息源组成，例如，学术期刊、博硕士学位论文、会议、专利、标准、图书、年鉴等。

2. 第二层：知识元检索

知识元检索单元由知识问答、百科、词典、手册、工具书、统计数据等组成。

3. 第三层：引文检索

引文检索单元仅由中国引文数据库组成。

3.1.1.2　《中国知识资源总库》重要子数据库介绍

《总库》以开放式资源网络系统的形式，将分布在全球互联网上的知识资源集成整合为内容关联的知识网络体系，通过中国知网门户网站（https：//www. cnki. net/）进行网络实时出版传播，为用户提供资源共享和知识增值应用服务。《总库》各检索知识单元界面如图 3－1、图 3－2 和图 3－3 所示，各检索知识单元涉及的子数据库介绍如下。

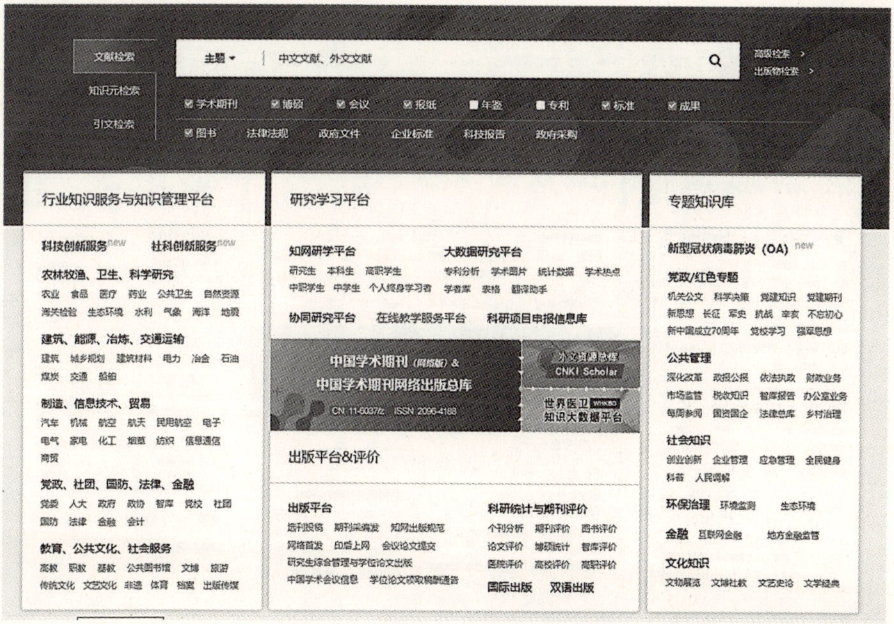

图 3－1　《总库》文献检索界面

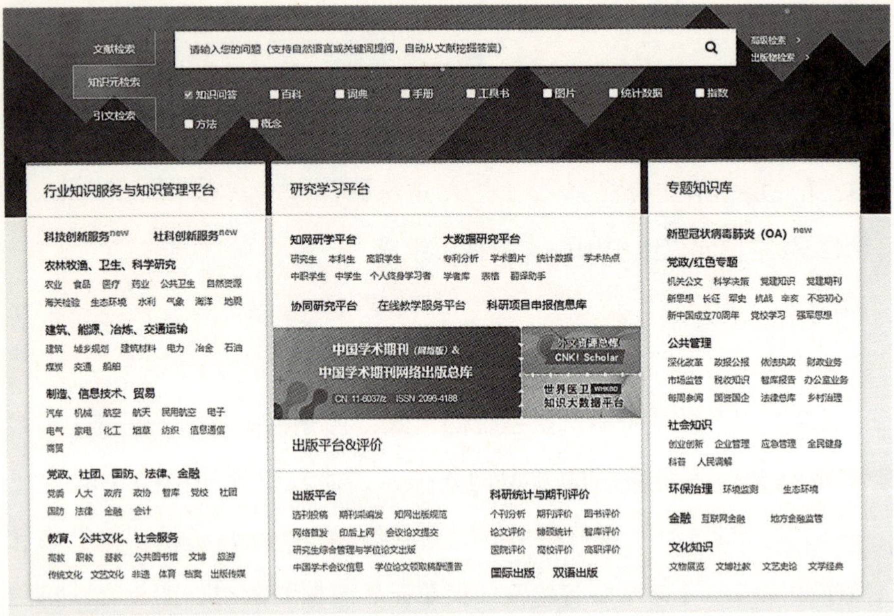

图 3－2 《总库》知识元检索界面

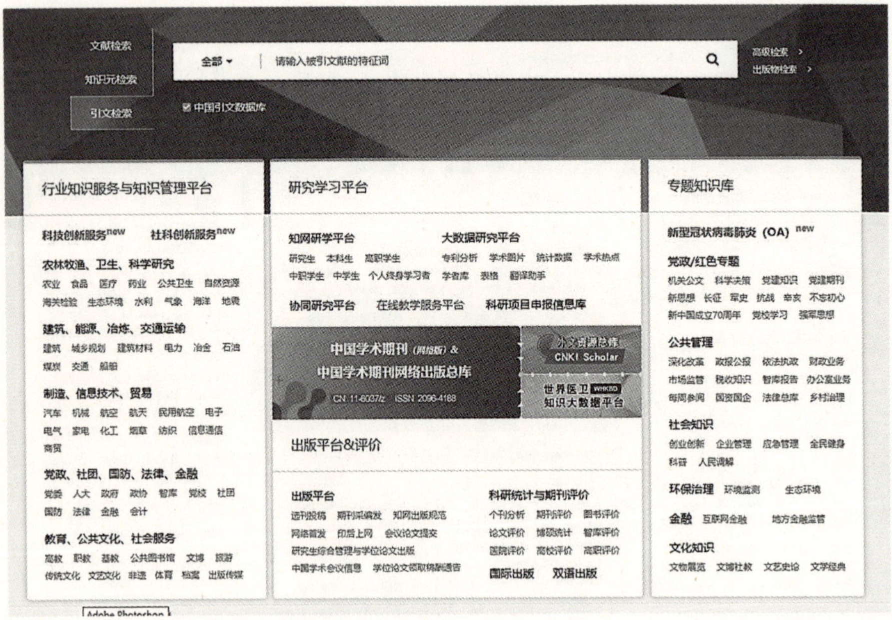

图 3－3 《总库》引文检索界面

1. 学术期刊库

中国知网旗下的《中国学术期刊（网络版）》（China Academic Journal Network Publishing Database，简称CAJD）是"十一五"国家重大网络出版工程的子项目，是《国家"十一五"时期文化发展规划纲要》中国家"知识资源数据库"出版工程的重要组成部分。

《中国学术期刊数据库（网络版）》以学术、工程技术、政策指导、高等科普及教育类期刊为主，内容覆盖自然科学、工程技术、农业、哲学、医学、人文社会科学等各个领域。实现中、外文期刊整合检索。其中，中文学术期刊8520余种，含北大核心期刊1960余种，网络首发期刊2140余种，最早回溯至1915年，共计5750余万篇全文文献；外文学术期刊包括来自80多个国家及地区900余家出版社的期刊7.5万余种，覆盖JCR期刊的96%，Scopus期刊的90%，最早回溯至19世纪，共计1.1余亿篇外文题录，可链接全文。

2. 学位论文库

中国知网旗下的学位论文库包括《中国博士学位论文全文数据库》（China Doctoral Dissertations Full - text Database，简称CDFD）和《中国优秀硕士学位论文全文数据库》（China Master's Theses Full - text Database，简称CMFD），是目前国内资源完备、质量上乘、连续动态更新的中国博硕士学位论文全文数据库。学位论文库出版500余家博士培养单位的博士学位论文40余万篇，780余家硕士培养单位的硕士学位论文450余万篇，最早回溯至1984年，覆盖基础科学、工程技术、农业、医学、哲学、人文、社会科学等各个领域。学位论文库分为十大专辑：基础科学、工程科技Ⅰ、工程科技Ⅱ、农业科技、医药卫生科技、哲学与人文科学、社会科学Ⅰ、社会科学Ⅱ、信息科技、经济与管理科学。十大专辑下又分为168个专题。重点收录985和211高校、中国科学院、社会科学院等重点高校及科研单位的优秀硕士论文，重要特色学科如通信、军事学、中医药等专业的优秀硕士论文。

3. 会议论文库

中国知网旗下的会议论文库包括《中国重要会议论文全文数据库》和《国际会议论文全文数据库》，重点收录1999年以来，中国科协系统及国家二级以上的学会、协会，以及高校、科研院所、政府机关举办的重要会议以及在国内召开的国际会议上发表的文献，部分重点会议文献回溯至1953年，目前，已收录国内会议、国际会议论文集3万本，累计文献总量340余万篇。会议论文库同样分为十大专辑：基础科学、工程科技Ⅰ、工程科技Ⅱ、农业科技、医药卫生科技、哲学与人文科学、社会科学Ⅰ、社会科学Ⅱ、信息科技、经济与管理科学。十大专辑下又分为168个专题。

《中国重要会议论文全文数据库》收录了国内重要会议主办单位或论文汇编单位书面授权，投稿到“中国知网”进行数字出版的会议论文，是《中国学术期刊（光盘版）》电子杂志社有限公司编辑出版的国家级连续电子出版物。目前该数据库中全国性会议文献超过总量的80%，部分连续召开的重要会议论文回溯至1953年，已收录出版3万次国内重要会议投稿的论文，累积文献总量250余万篇。

《国际会议论文全文数据库》收录了国内外重要会议主办单位或论文汇编单位书面授权并推荐到“中国知网”进行数字出版的重要国际会议论文，是由《中国学术期刊（光盘版）》电子杂志社有限公司编辑出版的国家级连续电子出版物专辑。重点收录1999年以来，中国科协系统及其他重要会议主办单位举办的在国内或国外召开的国际会议上发表的文献，部分重点会议文献回溯至1981年。目前，已收录出版国际学术会议论文集9010余本，累积文献总量80余万篇。

4. 中国重要报纸全文数据库

《中国重要报纸全文数据库》是以学术性、资料性报纸文献为出版内容的连续动态更新的报纸全文数据库。报纸库年均收录并持续更新各级重要党报、行业报及综合类报纸逾650余种，累积收录2000年以来报纸全文文献2010余万篇。该数据库同样分为十大专辑：基础科学、工程科技Ⅰ、工程科技Ⅱ、农业科技、医药卫生科技、哲学与人文科学、社会科学Ⅰ、社会科学Ⅱ、信息科技、经济与管理科学。十大专辑下分为168个专题文献数据库和近3600个子栏目。

5. 专利库

专利库包括中国专利和海外专利。中国专利收录了1985年以来在中国大陆申请的发明专利、外观设计专利、实用新型专利，共3400余万项，每年新增专利约250万项；海外专利包含美国、日本、英国、德国、法国、瑞士、世界知识产权组织、欧洲专利局、俄罗斯、韩国、加拿大、澳大利亚、中国香港及中国台湾等十国两组织两地区的专利，共计收录从1970年至今的专利1.0余亿项，每年新增专利约200万项。

《中国专利全文数据库（知网版）》包含发明公开、发明授权、外观设计和实用新型四个子库，准确地反映中国最新的专利发明。专利相关的文献、成果等信息来源于CNKI各大数据库。可以通过申请号、申请日、公开号、公开日、专利名称、关键词、分类号、申请人、发明人、优先权等检索项进行检索，并一次性下载专利说明书全文。与通常的专利数据库相比，《中国专利全文数据库（知网版）》每项专利的知网节集成了与该专利相关的最新文献、科技成果、标准等信息，可以完整地展现该项专利产生的背景、最新发展动态、相关领域的发展趋势，可以浏览发明人与发明机构更多的论述以及在各种出版物上发表的文献。按照专利种类分为发明公开、发明授权、外观设计和实用新型四个类型，其中发明公开、发明授权和实用新型采用国际专利分类（IPC分类）和CNKI 168学科分类，外观设计采用国际外观设计分类和CNKI 168学科分类。目前，《中国专利全文数据库（知网版)》共计收录1985年至今的中国专利3400余万项。

《海外专利摘要数据库（知网版)》包含美国、日本、英国、德国、法国、瑞士、世界知识产权组织、欧洲专利局、俄罗斯、韩国、加拿大、澳大利亚、中国香港及中国台湾地区十国两组织两地区的专利。专利相关的文献、成果等信息来源于CNKI各大数据库。可以通过申请号、申请日、公开号、公开日、专利名称、关键词、分类号、申请人、发明人、优先权等检索项进行检索，专利说明书全文链接到欧洲专利局网站。与通常的专利数据库相比，《海外专利摘要数据库（知网版)》每项专利的知网节直观地展现了该项专利的基本信息及同族专利情况，还可以链接到专利全文及进行法律状态查询。国际专利分类（IPC分类）和CNKI 168学科分类。目前，《海外专利摘要数据库（知网版)》共计收录1970年至今的国外专利1.0余亿项。

6. 标准数据总库

标准数据总库包括国家标准全文、行业标准全文、职业标准全文以及国内外标准题录数据库，共计60余万项。其中国家标准全文数据库收录了由中国标准出版社出版的，国家标准化管理委员会发布的所有国家标准；行业标准全文数据库收录了现行、废止、被代替、即将实施的行业标准；职业标准全文数据库收录了由中国劳动社会保障出版社出版的国家职业标准汇编本，包括国家职业技能标准、职业培训计划、职业培训大纲；国内外标准题录数据库收录了中国以及世界上先进国家、标准化组织制定与发布的标准题录数据，共计54余万项。

《国家标准全文数据库》收录了由中国标准出版社出版的，国家标准化管理委员会发布的所有国家标准，占国家标准总量的90%以上。标准的内容来源于中国标准出版社，相关的文献、专利、科技成果等信息来源于CNKI各大数据库。可以通过标准号、标准名称、发布单位、起草人、发布日期、实施日期、中国标准分类号、国际标准分类号等检索项进行检索。实现了国家标准与学术期刊、学位论文、专利、科技成果等数据库在同一平台上的跨库检索，且在每一项标准条目的知网节细览页链接了相关的国内外标准、学术期刊、学位论文、会议论文、报纸、专利和科技成果等，帮助人们了解每项标准的产生背景、最新发展动态和相关领域的发展趋势，为研究每一项标准及其所处技术领域的发展动态提供了完备的信息集成服务。采用中国标准分类法（CCS 分类）、国际标准分类法（ICS 分类）和 CNKI 168 学科分类法。用户可以根据各级分类导航浏览。1950 年至今，《国家标准全文数据库》共收录国家标准约 5 万项。该数据库支持免费检索，免费浏览题录、摘要和知网节，但全文下载需付费。在第一次打开标准全文时，请先下载标准阅读器并按提示安装，安装成功后使用该阅读器方可阅读全文。机构用户需单位统一购买，机构成员通过机构账号进行下载。个人用户下载文献采用流量计费方式，用户需先注册个人账户，并通过知网卡、银行卡、神州行卡等方式给账户充值。流量计费产品全文分为阅读版、打印版、阅读打印版三个版本，各版本使用方式及计费价格不同，请按提示下载。阅读版：只可阅读不可打印；打印版只可打印三次，不可阅读；阅读打印版：可阅读，可打印三次。

《中国行业标准全文数据库》收录了现行、废止、被代替以及即将实施的行业标准，全部标准均获得权利人的合法授权。相关的链接文献、专利、科技成果等信息来源于 CNKI 各大数据库。可以通过全文、标准号、标准名称、起草单位、起草人、发布单位、发布日期、中国标准分类号、国际标准分类号等检索项进行检索。实现了行业标准与学术期刊、学位论文、专利、科技成果等数据库在同一平台上的跨库检索，且在每一项标准条目的知网节细览页链接了相关的国内外标准、学术期刊、学位论文、会议论文、报纸、专利和科技成果等，帮助人们了解每项标准的产生背景、最新发展动态和相关领域的发展趋势，为研究每一项标准及其所处技术领域的发展动态提供了完备的信息集成服务。采用中国标准分类法（CCS 分类）、国际标准分类法（ICS 分类）和 CNKI 168 学科分类法。1950 年至今，《中国行业标准全文数据库》收录了电子、轻工、黑色冶金、有色金属、稀土、中医药、卫生、医药、纺织、林业、煤炭、烟草等近 40 个行业标准的数据约 3 万项。免费检索，免费浏览题录、摘要和知网节，全文下载需付费。机构用户需单位统一购买，机构成员通过机构账号进行下载。个人用户下载文献采用流量计费方式，用户需先注册个人账户，并通过知网卡、银行卡、神州行卡等方式给账户充值。

《职业标准全文数据库》收录了由人力资源和社会保障部职业能力建设司编制，由中国劳动社会保障出版社出版的国家职业标准汇编本，为各级职业技能鉴定机构及职业教育培训机构、职业院校等开展职业教育培训和职业技能鉴定工作提供了重要依据。1999 年至今，国家职业技能标准、职业培训计划、职业培训大纲，共计 1100 余篇。每个职业标准都包括了职业概况、基本要求、工作要求和比重表等方面内容，对各职业的活动范围、工作内容、技能要求和知识水平做了明确规定。实现了职业标准与国家标准、行业标准、学术期刊、学位论文、专利、科技成果等数据库在同一平台上的跨库检索，且在每一个标准条目的知网节细览页链接了相关的职业标准、学术期刊、学位论文、会议论文、报纸、年鉴、专利、标准和科技成果等，帮助人们了解相关职业和标准的最新发展动态和相关领域的发展趋势，促进职业技能培养和实践教学改革。采用高职专业分类和 CNKI 168 学科分类法。用户可以根据各级分类导航浏览，免费检索，免费浏览题录、摘要和知网节，html 阅读和全文下载需付费。机构用户需单位统一购买，机构成员通过机构账号进行 html 阅读和下载；个人用户暂不支持。

《国内外标准题录数据库》是国内数据量较大、收录相对完整的标准数据库，分为《中国标准题录数据库》（SCSD）和《国外标准题录数据库》

（SOSD）。《中国标准题录数据库》（SCSD）收录了所有的中国国家标准（GB）、国家建设标准（GBJ）、中国行业标准的题录摘要数据，共计标准10余万项；《国外标准题录数据库》（SOSD）收录了世界范围内重要标准，如国际标准（ISO）、国际电工标准（IEC）、欧洲标准（EN）、德国标准（DIN）、英国标准（BS）、法国标准（NF）、日本工业标准（JIS）、美国标准（ANSI）、美国部分学协会标准（如ASTM、IEEE、UL、ASME）等18个国家的标准题录摘要数据，共计标准30余万项。标准的内容来源于山东省标准化研究院，相关的文献、科技成果等信息来源于CNKI各大数据库。可以通过标准号、标准名称、关键词、发布单位、起草单位、发布日期等检索项进行检索。与通常的标准库相比，《国内外标准题录数据库》每项标准的知网节集成了与该标准相关的最新文献、科技成果、专利等信息，可以完整地展现该项标准产生的背景、最新发展动态、相关领域的发展趋势，为研究每一项标准及其所处技术领域的发展动态提供了完备的信息集成服务。采用中国标准分类法（CCS分类）、国际标准分类法（ICS分类）和CNKI 168学科分类法。用户可以根据各级分类导航浏览。1919年至今，《国内外标准题录数据库》共收录国内外标准50余万项。免费检索，免费浏览题录、摘要和知网节。

7. 中国图书全文数据库

中国知网旗下的《中国图书全文数据库》以中国知网海内外2亿专业读者为服务对象，集图书检索、专业化推荐、在线研学、在线订阅功能于一体，根据读者工作与学习的专业领域等个性化需求，有针对性推送相关专业图书。读者可通过整书、章节文本的可视化对比，遴选订阅最优、最新、最适合自身需要的图书。通过参考文献、引证文献等关联关系，实现了图书内容与其他各类文献的深度关联融合。目前，该数据库已收录1949年以来的我国出版的精品专业图书11885本，覆盖人文社科、自然科学、工程技术等各领域，并实时更新。

8. 中国引文数据库

《中国引文数据库》（简称《引文库》），是依据CNKI收录数据库及增补部分重要期刊文献的文后参考文献和文献注释为信息对象建立的、具有特殊检索功能的文献数据库。通过揭示各种类型文献之间的相互引证关系，不仅可以为科学研究提供新的交流模式，而且也可以作为一种有效的科研管理及统计分析工具，是目前中国最大最全的引文数据库。主要功能包括引文检索、检索结果分析、作者引证报告、文献导出、数据分析器及高被引排序等模块，用户可通过《引文库》中的使用指南进行各功能的学习和使用。《引文库》可通过以下三种途径实现访问：（1）直接访问网址：http：//ref. cnki. net；（2）通过CNKI主页导航，通过“引文检索”输入相应检索词，点击检索，或者点击“引文检索”的高级检索均可直接跳转到引文库；（3）通过CNKI主页导航，点击“中国引文数据库”链接访问。

在文献检索、知识元检索和引文检索三个检索界面知识单元中还有成果库、政府文件、法律法规、工具书、统计数据、方法库等CNKI子数据库。例如，成果库中的《中国科技项目创新成果鉴定意见数据库（知网版）》，目前共计收录90余万项成果，年更新约4.8万项，收录年度集中于1978年至今，部分回溯至1920年，收录正式登记的中国科技成果，按行业、成果级别、学科领域分类。每条成果信息包含成果概况、立项、评价，知识产权状况及成果应用，成果完成单位、完成人等基本信息，并包含该成果的鉴定数据（推广应用前景与措施、主要技术文件目录及来源、测试报告和鉴定意见等内容）。法律法规中的《中国法律知识资源总库（简称CLKD）》是由国家新闻出版总署批准，清华大学主办、中国学术期刊（光盘版）电子杂志社有限公司出版发行的数据库型连续电子出版物。可通过跨库选择进行法律法规库、论文库、案例库统一跨库检索，实现一站式查询。《中国法律知识资源总库》知网节拥有案例、论文、法规三位一体的立体多维知识网络，不仅体现了知识之间的关联，更体现了案例、法律法规、论文之间的引用与印证关系，使得每一个CLKD知网节都是一个包含了法条适用、实务指导与理论研究的专题页面，为用户提供知识挖掘、知识发现、知识创新、业务研究、业务交流等增值知识服务。CNKI总库的各子数据库不仅可通过总库主界面单独进入，也可同时进入多个子数据库进行多种文献资源类型的检索。

3.1.2　中国知网的检索与使用

3.1.2.1　数据库检索方式

在搜索引擎中输入中国知网（CNKI）数据库网址：http：//www.cnki.net，或者从机构购买的数据库中登录中国知网数据库总库，进入CNKI首页（图3－1）。CNKI首页中共有三类检索界面，分别是文献检索界面、知识单元检索界面、引文检索界面，如图3－1、图3－2和图3－3，每一类检索界面中包括各种类型的子数据库，通过勾选1个或多个子数据库名称前面的方框“□”，可进入单库或同时进入多个子数据库检索界面。另外，也可通过首页显示的检索框右侧标有的“高级检索”按钮进入CNKI数据库高级检索界面，在高级检索界面中对应有CNKI总库和CNKI各子数据库，以及高级检索、专业检索、作者发文检索和句子检索四种检索方式（图3－4）。通过首页中“高级检索”按钮下的“出版物检索”方式按钮，可对相应出版类型进行导航检索，包括出版来源导航、期刊导航、学术辑刊导航、学位授予单位导航、会议导航、报纸导航、年鉴导航和工具书导航（图3－5）。

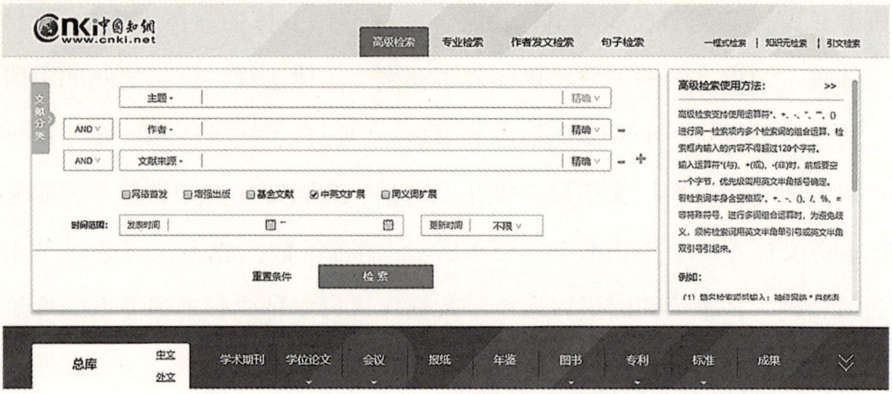

图 3-4　CNKI 高级检索常用四种检索方式界面

图 3-5　CNKI 出版物检索界面

3.1.2.2　数据库的使用

登录 CNKI 首页后，系统默认的检索方式为初级检索方式，也可叫作一框式检索（图 3-1），可在检索框中输入检索词进行检索。CNKI 各数据库的检索方式与使用步骤如下。

1. 一框式检索方式的使用

一框式检索界面是 CNKI 数据库首页默认的检索界面，在进行检索之前，首先需要确定所选择的子数据库、检索途径和检索词，可以选择一个或多个子数据库进行一框式检索，在检索框中直接输入检索词即可。一框式检索界面默认的文献检索单元的数据库有“学术期刊”“博硕”“会议”“报纸”“标准”“成果”和“图书”，以及不同的检索途径，加“主题”“篇关摘”“关键词”“篇名”“作者”“作者单位”等（图3－6）。但一框式检索的弊端在于输入的一个或多个检索词之间是逻辑的关系，而当检索词之间的逻辑运算关系较为复杂时，便很难实现一次性检索。因此，针对较为简单的课题，可采用一框式检索的方式。

一框式检索实例如图3－7所示，勾选多个子数据库标签“学术期刊”“博硕”“会议”“专利”“标准”，以及在主题检索途径下输入检索词“土壤研究方法”，得到如图3－8的检索结果。从检索结果可以看到，检索结果以所选择的学术期刊、博硕、会议、专利和标准五个数据库显示文献列表和数量；可从检索界面左侧的中文、外文、主题（主要主题、次要主题）、文献来源（期刊等文献类型的名称）、学科、作者、机构等方式对文献进行筛选；检索词在检索结果中显示为红色字体，但检索结果中除出现有“土壤研究方法”一词的文献外，还包含检索词被截断为“土壤”“方法”“研究方法”的文献。

从检索得到文献可以发现一框式检索存在某些问题。首先，文献数量较多，需要通过左侧界面对结果进行筛选，这样会对后续文献数量的筛选产生影响；其次，检索词较长时，检索词会在不同位置被截断，从而对检索结果的准确性造成影响。因此利用一框式检索课题时，查全率可能较高，但查准率可能会被降低，而且由于文献数量过多，后续需要耗费较多时间进行文献筛选，浪费大量科研时间。

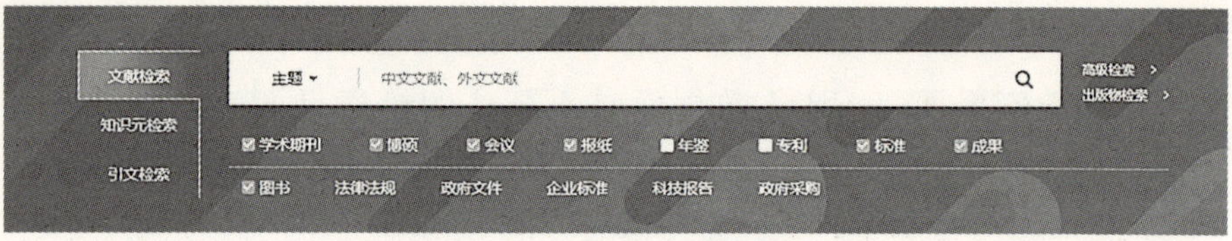

图 3－6　一框式检索方式界面

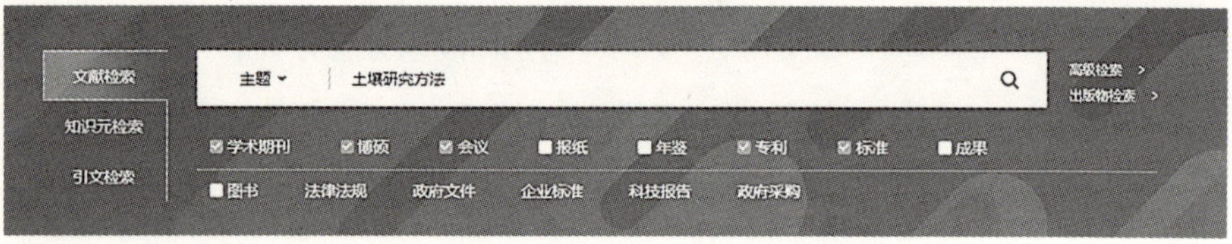

图 3－7　一框式检索实例输入检索条件界面

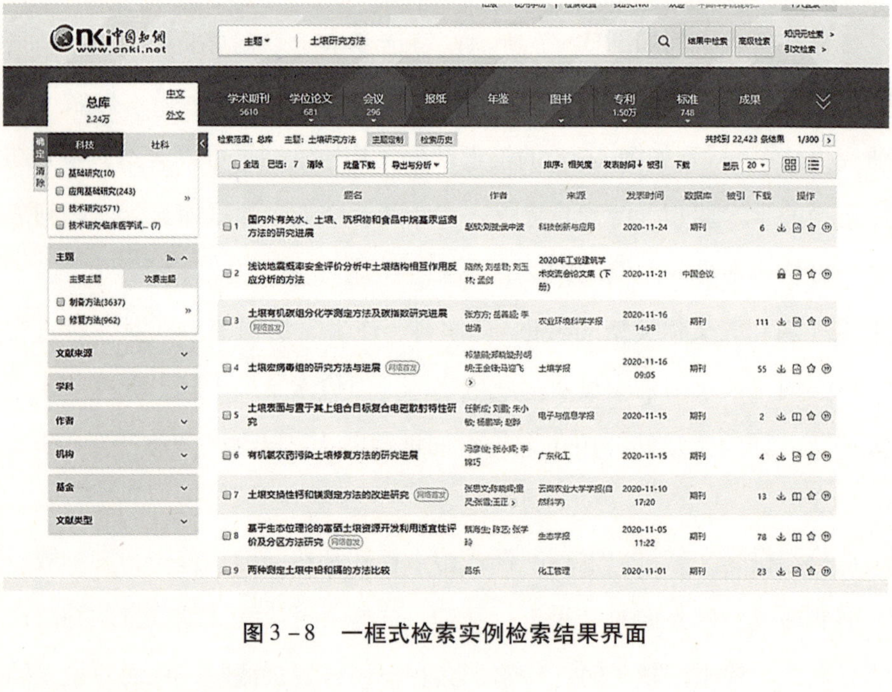

图 3－8　一框式检索实例检索结果界面

2. 高级检索方式的使用

（1）高级检索入口。在 CNKI 首页一框式检索右侧直接点击“高级检索”按钮，进入高级检索界面；或者在一框式检索结果页面点击“高级检索”按钮，进入高级检索界面（图3－9）。

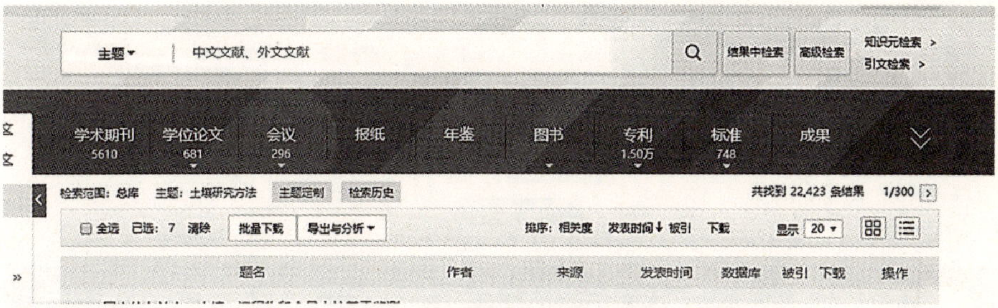

图3－9　高级检索入口二

在高级检索界面中可进行高级检索、专业检索、作者发文检索和句子检索四种检索方式的切换。四种检索方式界面左侧均有“文献分类”筛选界面，该界面将CNKI收录的所有文献划分为基础科学、工程科技Ⅰ辑、工程科技Ⅱ辑、农业科技、医药卫生科技、哲学与人文科学、社会科学Ⅰ辑、社会科学Ⅱ辑、信息科技、经济与管理科学十个专辑（图3－10），文献分类导航默认为收起状态，点击展开后勾选所需类别，可缩小和明确文献检索的类别范围。总库高级检索提供168专题导航，是CNKI基于中图分类而独创的学科分类体系。年鉴、标准、专利等除168导航外还提供单库检索所需的特色导航。在检索水利学研究领域的课题时，可根据课题具体研究内容，在左侧首先进行研究领域的选择，然后再进行检索策略的制定和检索操作过程。

（2）高级检索的特点。高级检索支持多字段逻辑组合，并可通过选择精确或模糊的匹配方式、检索控制等方法完成较复杂的检索，得到符合需求的检索结果。检索字段根据文献类型的不同有所变化，主要检索字段有主题、篇关摘、关键词、篇名、全文、作者、第一作者、通讯作者、作者单位、导师、第一导师、学位授予单位、专利名称、申请人、标准名称、标准号、成果名称、成果完成人、公开号、分类号、基金、摘要、小标题、参考文献、分类号、文献来源、DOI等。

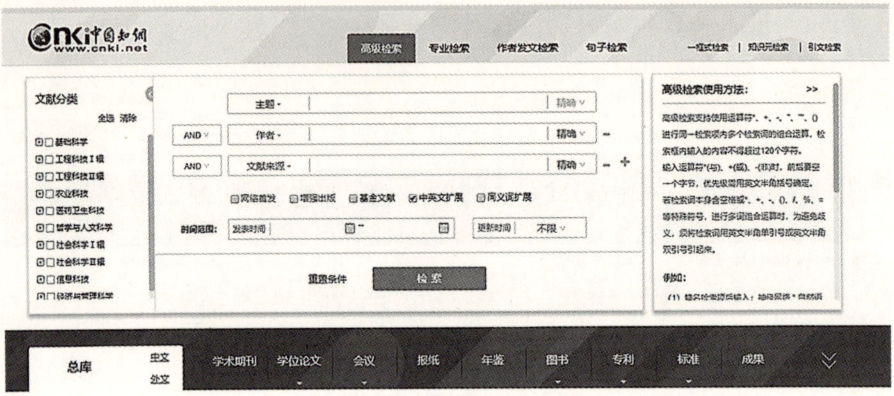

图 3－10　四种检索方式界面的切换与文献分类专辑

（3）高级检索分区。高级检索可分为三个检索区：检索条件输入区、检索控制区和数据库切换区。

检索条件输入区的检索界面中默认显示主题、作者、文献来源三个检索框，可自由选择检索字段、检索字段间的逻辑运算关系（AND、OR、NOT）、检索词匹配方式（精确、模糊）等。点击检索框后的“＋”“－”按钮可添加或删除检索框，最多支持 10 个检索框的组合检索。检索字段与各数据库相对应，如选择会议论文数据库时，检索字段会出现会议名称、论文集名称等。匹配方式主要提供精确和模糊两种，篇关摘（篇名和摘要部分）、篇名、摘要、全文、小标题、参考文献的精确匹配是指检索词作为一个整体在该检索字段进行匹配时，完整包含检索词的结果；模糊匹配则是检索词进行分词后在该检索字段的匹配结果。篇关摘（关键词部分）、关键词、作者、机构、基金、分类号、文献来源、DOI 的精确匹配是指关键词、作者、机构、基金、分类号、文献来源或 DOI 与检索词完全一致；模糊匹配是指关键词、作者、机构、基金、分类号、文献来源或 DOI 包含检索词。

检索控制区的主要作用是通过条件筛选、时间选择等，对检索结果进行范围控制。控制条件包括出版模式、基金文献、时间范围、检索扩展。检索时默认进行中英文扩展，如果不需要中英文扩展，则手动取消勾选；如果需要其他扩展，可手动进行勾选。

数据库切换区位于高级检索页面下方，点击子库名，可切至某单库高级检索界面，切换后，检索条件输入区的检索字段随之发生对应改变，以匹配各子数据库的检索要求。

（4）检索推荐/引导功能。检索推荐/引导功能与一框式检索时的智能推荐和引导功能类似，主要区别是高级检索的主题、篇名、关键词、摘要、全文等内容检索项推荐的是检索词的同义词、上下位词或相关词；高级检索的推荐引导功能在页面右侧显示。用户在勾选后进行检索，检索结果为包含检索词或勾选词的全部文献。如图 3－11，输入“水资源”，右侧主题下推荐相关的同义词、上下位词或相关词等，可根据检索需求进行勾选。

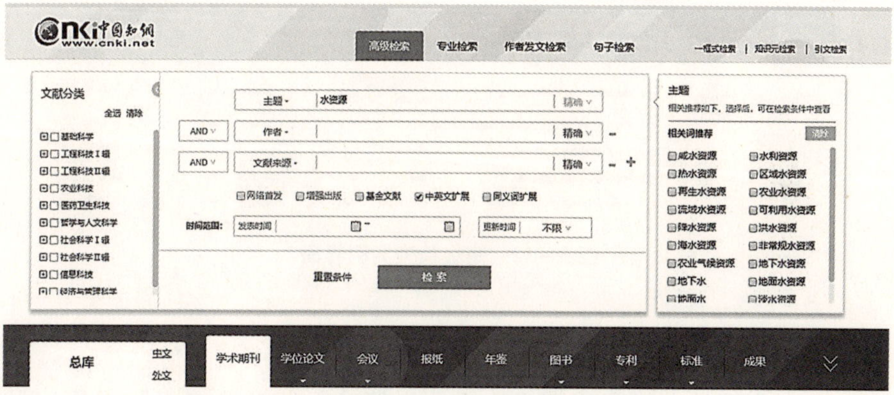

图 3－11　高级检索的检索推荐/引导功能

（5）词频选择。当选择全文和摘要检索字段时，可选择词频，辅助优化检索结果。选择词频数后进行检索，检索结果为在全文或摘要范围内，包含检索词，且检索词出现次数大于等于所选词频的文献。

（6）同字段组合运算。一框式检索、高级检索均支持同一检索项内输入“＊”“＋”“－”，进行多个检索词的组合运算。

（7）高级检索实例：检索水利工程施工措施方面的研究。首先可根据课题具体要求和研究目的对课题进行分析。该课题“检索水利工程施工措施方面的研究”属于水利工程领域中施工措施方面的研究，在文献分类中选择工程科技Ⅱ辑中的“水利水电工程”，检索式的篇名为“施工措施”、主题为“水利工程”，布尔逻辑运算为“AND”，检索结果如图3－12所示。

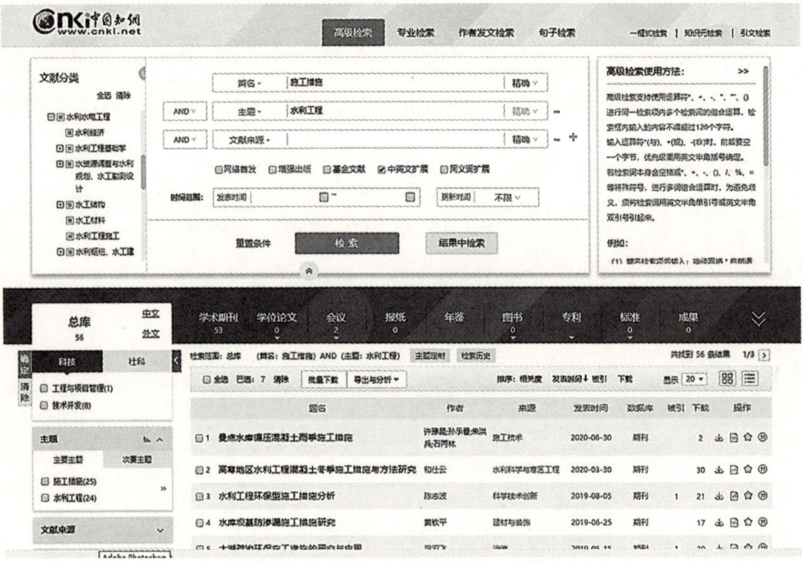

图3－12　高级检索实例界面

3. 专业检索方式的使用

（1）专业检索入口。将高级检索页面切换至“专业检索”界面，可进行专业检索。专业检索使用运算符和检索词构造检索式进行检索（图3－13）。专业检索表达式的一般式：<字段><匹配运算符><检索值>。

（2）检索字段。在CNIK专业检索中提供以下检索字段：SU＝主题，TI＝题名，KY＝关键词，AB＝摘要，FT＝全文，AU＝作者，FI＝第一责任人，RP＝通讯作者，AF＝机构，JN＝文献来源，RF＝参考文献，YE＝年，FU＝基金，CLC＝分类号，SN＝ISSN，CN＝统一刊号，IB＝ISBN，CF＝被引频次。

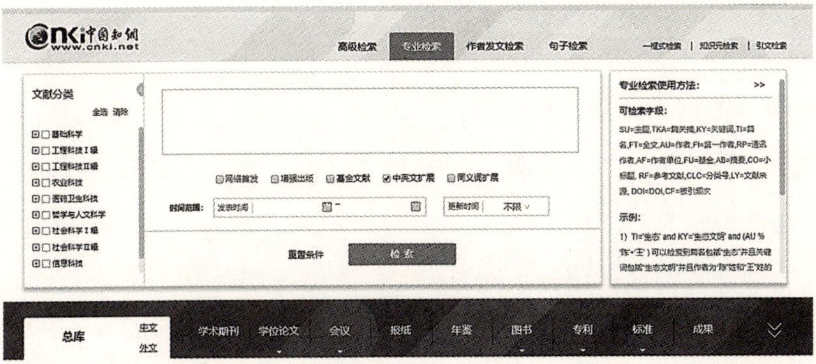

图3－13　专业检索界面

（3）各种运算符的使用和举例。

①匹配运算符的使用和举例。

专业检索的匹配运算符主要有“＝”“%”，以及“%＝”三种，其功能和适用字段如表3－1所示。

表3－1　专业检索匹配运算符、功能及适用字段一览表

符　号	功　能	适用字段
＝	＝’str’表示检索与str相等的记录	KY、AU、FI、RP、JN、AF、FU、CLC、SN、CN、IB、CF
	＝’str’表示包含完整str的记录	TI、AB、FT、RF
%	%’str’表示包含完整str的记录	KY、AU、FI、RP、JN、FU
	%’str’表示包含str及str分词的记录	TI、AB、FT、RF
	%’str’表示一致匹配或与前面部分串匹配的记录	CLC
%＝	%＝’str’表示相关匹配str的记录	SU
	%＝’str’表示包含完整str的记录	CLC、ISSN、CN、IB

首先，精确检索关键词包含“土壤性状”的文献：KY = 土壤性状。

其次，模糊检索摘要包含“水土保持措施”的文献：AB % 水土保持措施，模糊匹配结果为摘要包含“水土保持”和“措施”文献，“水土保持”和“措施”两词不分顺序和间隔。

最后，检索主题与“施肥”相关的文献：SU % = 施肥，主题检索推荐使用相关匹配运算符“% =”。

②比较运算符的使用和举例。

专业检索的比较运算符主要有“BETWEEN”“ > ”“ < ”“ > = ”和“ < = ”五种，其功能和适用字段如表 3 – 2 所示。

表 3 – 2　专业检索比较运算符、功能及适用字段一览表

符　号	功　能	适用字段
BETWEEN	BETWEEN（’ str1 ’,’ str2 ’）表示匹配 str1 与 str2 之间的值	YE
>	大于	YE、CF
<	小于	
> =	大于等于	
< =	小于等于	

首先，YE BETWEEN（‘2010’，‘2020’），检索出版年份在 2010 至 2020 年的文献。

其次，CF > 0 或 CF > =1，检索被引频次不为 0 的文献。

③逻辑运算符的使用和举例。

专业检索的逻辑运算符主要有“BETWEEN”“ > ”“ < ”“ > = ”和“ < = ”五种，其功能如表 3 – 3 所示。

表3-3 专业检索逻辑运算符和功能一览表

符 号	功 能
AND	逻辑“与”
OR	逻辑“或”
NOT	逻辑“非”

第一，检索赵敏发表的关键词包含水利水电的文章，检索式：KY = 水利水电 AND AU = 赵敏。

第二，检索主题与质量管理或施工管理相关的文献，检索式：SU % = 质量管理 OR SU % = 施工管理。

第三，检索篇名包含混凝土，但不是混凝土结构的文章，检索式：TI = 混凝土 NOT TI = 混凝土结构。

第四，检索孙伟在东华大学或北京工业大学时发表的文章，检索式：AU = 孙伟 AND（AF = 东南大学 OR AF = 北京工业大学）。

第五，检索孙伟在东南大学期间发表的题名或摘要中都包含“混凝土”的文章，检索式：AU = 孙伟 AND AF = 东南大学 AND（TI = 混凝土 OR AB = 混凝土）。

使用逻辑运算符应注意的两点：首先，使用 AND、OR、NOT 可以组合多个字段，构建如下的检索式，<字段><匹配运算符><检索值><逻辑运算符><字段><匹配运算符><检索值>，逻辑运算符“AND（与）”“OR（或）”“NOT（非）”前后要有空格。其次，可自由组合逻辑检索式，优先级需用英文半角圆括号“（）”确定。

（4）复合运算符的使用和举例。

专业检索的符合运算符主要有“*”“+”和“-”，其功能如表3-4所示。复合运算符主要用于检索关键字的复合表示，可以表达复杂、高效的检索语句。

表 3－4　专业检索复合运算符和功能一览表

符　号	功　能
*	’str1 * str2’：同时包含 str1 和 str2
+	’str1 + str2’：包含 str1 或包含 str2
-	’str1 -str2’：包含 str1 但不包含 str2

第一，检索全文同时包含“坡耕地”和“小流域”的文献：FT = 坡耕地 * 小流域。

第二，检索关键词为“有效磷”或“速效磷”的文献：KY = 有效磷 + 速效磷。

第三，检索关键词包含土壤侵蚀，但不含土壤侵蚀强度的文献：KY = 土壤侵蚀 - 土壤侵蚀强度。

使用复合运算符应注意的两点：首先，在一个字段内可以用“*”“+”“-”组合多个检索值进行检索。其次多个复合运算符组合可以用“()”来改变运算顺序。

（5）位置描述符的使用和举例。

在专业检索中，位置描述符适用于字段间的逻辑关系运算，主要的位置描述符包括“#”“%”“/NEAR N”“/PREV N”“/AFT N”“$ N”等，其功能如表 3－5 所示。

表 3－5　专业检索位置描述符和功能

符　号	功　能	适用字段
#	' STR1 # STR2'：表示包含 STR1 和 STR2，且 STR1、STR2 在同一句中	TI、AB、FT
%	' STR1 % STR2'：表示包含 STR1 和 STR2，且 STR1 与 STR2 在同一句中，且 STR1 在 STR2 前面	
/NEAR N	' STR1 /NEAR N STR2'：表示包含 STR1 和 STR2，且 STR1 与 STR2 在同一句中，且相隔不超过 N 个字词	
/PREV N	' STR1 /PREV N STR2'：表示包含 STR1 和 STR2，且 STR1 与 STR2 在同一句中，STR1 在 STR2 前面不超过 N 个字词	
/AFT N	' STR1 /AFT N STR2'：表示包含 STR1 和 STR2，且 STR1 与 STR2 在同一句中，STR1 在 STR2 后面且超过 N 个字词	
$ N	' STR $ N'：表示所查关键词 STR 最少出现 N 次	
/SEN N	' STR1 /SEN N STR2'：表示包含 STR1 和 STR2，且 STR1 与 STR2 在同一段中，且这两个词所在句子的序号差不大于 N	
/PRG N	' STR1 /PRG N STR2'：表示包含 STR1 和 STR2，且 STR1 与 STR2 相隔不超过 N 段	
$ N	' STR $ N'：表示所查关键词 STR 最少出现 N 次	

第一，FT＝' 地表径流 # 径流量'，表示检索在全文某个句子中同时出现“地表径流”和“径流量”的文献。

第二，FT＝' 地表径流 % 径流量'，表示检索在全文某个句子中同时出现“地表径流”和“径流量”，且“地表径流”出现在“径流量”前面，间隔不超过 10 个字词。

第三，FT＝' 地表径流 /NEAR 10 径流量'，表示检索在全文某个句子中同时出现“地表径流”和“径流量”，且两个词间隔不超过10个字词。

第四，FT＝' 地表径流 /PREV 10 径流量'，表示检索在全文某个句子中同时出现“地表径流”和“径流量”的文献，“地表径流”出现在“径流量”前，且间隔不超过10个字词。

第五，FT＝' 地表径流 /AFT 10 径流量'，表示检索在全文某个句子中同时包含“地表径流”和“径流量”的文献，“地表径流”出现在“径流量”后，且间隔不超过10个字词。

第六，T＝' 地表径流 /SEN 1 径流量'，表示检索在全文某个段落中同时包含“地表径流”和“径流量”的文献，且检索词所在句子间隔不超过1句。

第七，FT＝' 水利/PRG 5 规范'，表示检索在全文中包含“水利”和“规范”，且这两个词所在段落间隔不超过5段。

第八，FT＝' 水力侵蚀 $5'，表示检索在全文中“水力侵蚀”出现至少5次的文献。

使用位置描述符应注意的两点：首先，需用一组英文半角单引号将检索值及其运算符括起；“#”“%”“/NEAR N”“/PREV N”“/AFT N”“/SEN N”“/PRG N”是单次对单个检索字段中的两个值进行限定的语法，仅限于两个值，不适用于连接多值进行检索。

4. 作者发文检索方式的使用

在高级检索界面切换“作者发文检索”标签，可进行作者发文检索。作者发文检索通过输入作者姓名及其单位信息，检索某作者发表的文献，功能及操作与高级检索基本相同。

5. 句子检索方式的使用

在高级检索界面切换“句子检索”标签，可进行句子检索。句子检索是通过输入的两个检索词，在全文范围内查找同时包含这两个词的句子，找到有关事实的问题答案。句子检索不支持空检，同句、同段检索时必须输入两个检索词。

6. 出版物检索方式的使用

在一框式检索界面右侧点击“出版物检索”按钮，可直接进入出版物检索界面。出版物检索界面主要有“出版来源导航”“期刊导航”“学术辑刊导航”“学位授予单位导航”“会议导航”“报纸导航”“年鉴导航”和“工具书导航”这七个链接选项。在每一种导航下对应的分类筛选项有“学科导航”“数据库刊源导航”“出版周期导航”“核心期刊导航”“行业导航”“工具书类型导航”等链接选项。

7. 出版物检索实例：检索水文水资源方面的核心期刊

本检索实例要求检索核心期刊。第一种方法是先选择期刊导航，可以在期刊导航界面左侧的核心期刊导航中的第四编（自然科学）、第六编（农业科学）和第七编（工业技术）对应查找水文水资源方面的期刊；另外一种方法是可以直接在期刊导航界面的检索框中的刊名途径输入一些检索词，如“水文”“水资源”等，可以检索到一些与水文领域相关的期刊，通过点击期刊封面链接，进入该期刊的内容界面，可确定该期刊是否为核心期刊。如图 3－14 所示的《水文地质工程地质》刊物，刊物名称右侧标有“核心期刊”和“CSCD”字样，即说明该刊物为核心期刊。在检索到的期刊内容界面中，可了解该期刊的基本信息、出版信息、评价信息、刊期浏览、期刊栏目浏览、期刊文献的统计与评价等。刊期浏览中可查找该期刊各出版年、卷、期的文献内容；栏目浏览可查找该期刊近一年、近三年、近五年和近十年的文献内容；统计与评价可了解该期刊年度出版的概况、学术热点动态等内容。

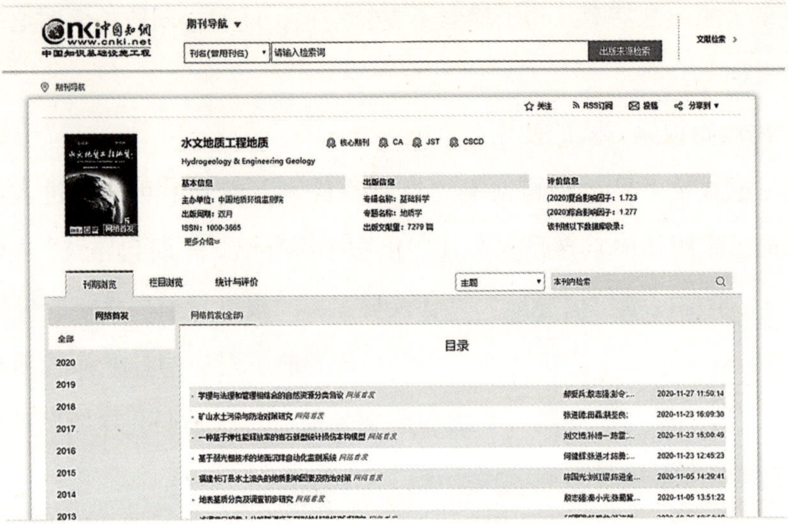

图 3－14　水文地质核心期刊检索

3.2　维普数据库

3.2.1　维普数据库基本概况

维普中文科技期刊数据库（以下简称维普数据库或维普网）是中国最大的中文电子期刊全文数据库，由重庆维普资讯有限公司 1989 年创建，受到国内图书情报界的广泛关注和普遍赞誉。目前，维普数据库已拥有包括港澳台地区在内 2000 余家大型机构用户，是中国数字图书馆建设的核心资源之一，也是科研工作者进行科技查证和科技查新的必备数据库。维普数据库是以中文期刊资源保障为核心基础，以数据检索应用为基础，以数据挖掘与分析为特色，面向教、学、产、研等多场景应用的期刊大数据服务平台。维普数据库采用了先进的大数据构架与云端服务模式，通过准确、完整的数据索引和数据对象，着力为读者及服务机构营造良好的使用环境和体验。目前，维普数据库累计收录期刊 15300 余种，现刊 9000 余种，北大核心期刊

1973 种，文献总量 7000 余万篇。维普数据库学科分类主要有医药卫生、农业科学、机械工程、自动化与计算机技术、化学工程、经济管理、政治法律、哲学宗教、文学艺术等 35 个学科大类，457 个学科小类。维普数据库文献著录标准有：《中国图书馆分类法》《检索期刊条目著录规则》（GB3793 –1983）、《文献主题标引规则》（GB3860 – 1983）和《文后参考文献著录规则（GB/T 7714 –2015）》。

3.2.2　维普数据库的检索

3.2.2.1　检索方式介绍

1. 基本检索

通过“中文期刊服务平台”（http：//qikan. cqvip. com）网址登录数据库，数据库主页的检索框被称为基本检索，在基本检索框中直接输入检索词即可进行检索。基本检索的检索途径主要有题名、题名或关键词、篇名、关键词、文摘、作者、刊名、机构、基金等字段信息（图 3 – 15）。在基本检索的检索框中输入的所有字符均被视为检索词。该检索不支持任何逻辑运算，如果输入逻辑运算符，将被视为检索词或停用词进行处理。

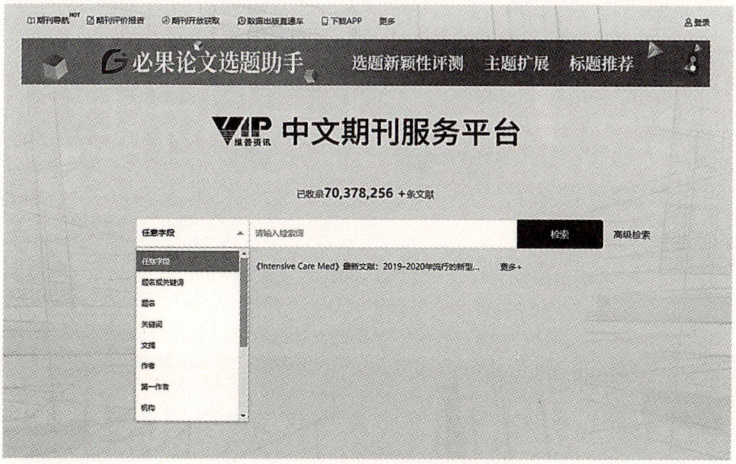

图 3 – 15　维普数据库基本检索

2. 高级检索

（1）高级检索的检索框中可支持“并且”（AND/and / *）、“或者”（OR /or/ +）、“非”（NOT/not / -）三种简单逻辑运算。

（2）逻辑运算符“AND”“OR”“NOT”，前后须空一格；逻辑运算符优先级为：NOT > AND > OR，且可通过英文半角双括号（）进一步提高优先级。

（3）表达式中，检索内容包含“AND/and”“NOT/not”“OR /or”“*”“-”等运算符或特殊字符检索时，需加半角引号单独处理。如“multi - display”“C + +”。

（4）精确检索请使用检索框后方的“精确”选项。

高级检索界面如图 3 - 16 所示。

图 3 - 16　维普数据库高级检索界面

3. 检索式检索

（1）检索界面：可以在检索框中使用布尔逻辑运算符对多个检索词进行组配检索。执行检索前，还可以选择时间、期刊来源、学科等检索条件对检索范围进行限定。每次调整检索策略并执行检索后，均会在检索区下方生成一个新的检索结果列表，方便对多个检索策略的结果进行比对分析。检索式检索界面如图 3 - 17 所示。

（2）检索条件限定：使用检索条件限定，可以进一步缩小检索范围，获得更符合需求的检索结果。可以根据需要，选择合适的时间范围、学科范围、期刊范围等限制条件。

（3）检索规则：检索式检索的逻辑运算符有“AND/and / *”“OR/or/ +”和“NOT/not / -”，表示的逻辑关系分别为并且（与）、或者、不包含（非）。逻辑运算符“AND”“OR”“NOT”可兼容大小写，逻辑运算符优先级为：（） > NOT > AND > OR。另外，在执行检索时，所有运算符号必须在英文半角状态下输入，前后须空一格，英文半角"" 表示精确检索，检索词不做分词处理，而是作为整个词组进行检索，以提高准确性。检索字段标识符对照表如表 3 -6 所示。字段标识符必须为大写字母，每种检索字段前，都须带有字段标识符，相同字段检索词可共用字段标识符，如 K = CAD + CAM。

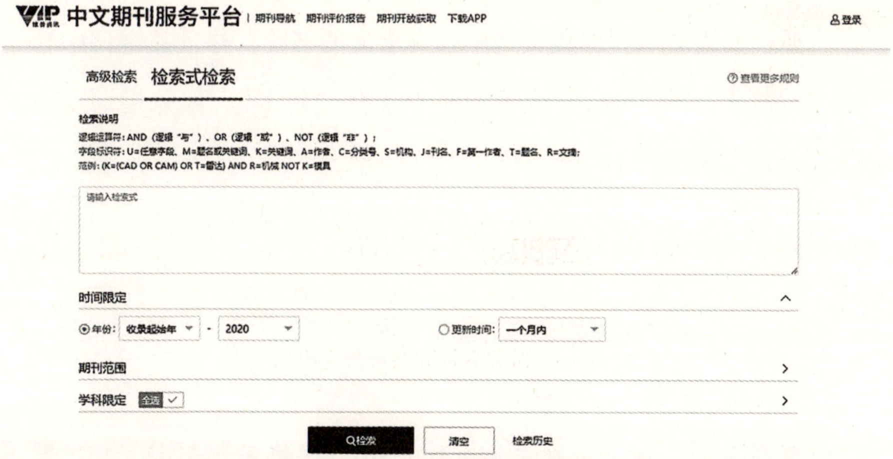

图 3 - 17　维普数据库检索式检索

表3－6　检索式检索的检索字段标识符对照表

符　号	字　段	符　号	字　段
U	任意字段	S	机构
M	题名或关键词	J	刊名
K	关键词	F	第一作者
A	作者	T	题名
C	分类号	R	文摘

（4）检索范例：我们按照维普数据库中的检索范例，并结合水利学实例对检索式检索进行说明。

范例一：S＝风力侵蚀 AND A＝胡静

此检索式表示查找机构中含有“风力侵蚀”的字段，并且作者为胡静的文献。

范例二：（K＝（混凝土 OR 砼）OR T＝施工）AND R＝水泥 NOT K＝隧道

此检索式表示：查找文摘中含有水泥的字段，并且关键词中含有“混凝土”或“砼”，或者题名中含有“施工”，但关键词不包含“隧道”的文献。

以上两个检索式也可以写作：

范例一：S＝风力侵蚀 and A＝胡静

S＝风力侵蚀 * A＝胡静

范例二：（K＝（混凝土 OR 砼）OR T＝施工）AND R＝水泥 NOT K＝隧道

（K＝（混凝土 OR 砼）＋T＝施工）* R＝水泥 － K＝隧道

3.2.1.2　期刊介绍

维普数据库除了上述三种检索方式外，还对期刊进行了详细分类。维普数据库的检索主页上方主要分为三个部分：期刊导航、期刊评价报告和期刊开放获取。可通过维普数据库详细的期刊分类介绍对水利学文献进行检索。

1. 期刊导航

维普数据库中的期刊导航界面的左侧主要分为四大模块：核心期刊、国内外数据库收录、地区和主题。核心期刊中包括中国科技核心期刊、北大核心期刊、中国人文社科核心期刊、中国科学引文数据库（简称CSCD）、中文社会科学引文索引来源期刊（CSSCI来源）和中文社会科学引文索引扩展期刊（CSSCI扩展）等；国内外数据库收录主要包括化学文摘（网络版）、工程索引、开放获取期刊指南、地学数据库、数学文摘、医学文摘等；地区主要是按照期刊主办单位所属地区对期刊进行归类；主题则是按照期刊所属主题进行归类。在期刊导航界面的中间部分可通过期刊名称的首字母对期刊进行检索，同时也可对期刊进行学科领域的分类部分检索。

在期刊导航界面（图3－18）中检索水利学领域的文献时，可以通过以下几种方式：①通过期刊导航左侧“核心期刊”部分中的北大核心期刊、工程索引、建筑和农业主题进行检索；②根据具体研究的水利学领域，使用具有代表性的关键词在首字母中查找期刊；③通过期刊导航界面中间部分的“水利工程”学科领域检索水利学研究领域的专业期刊；④通过期刊导航界面左侧的期刊检索栏，以期刊、ISSN等检索途径直接检索期刊。

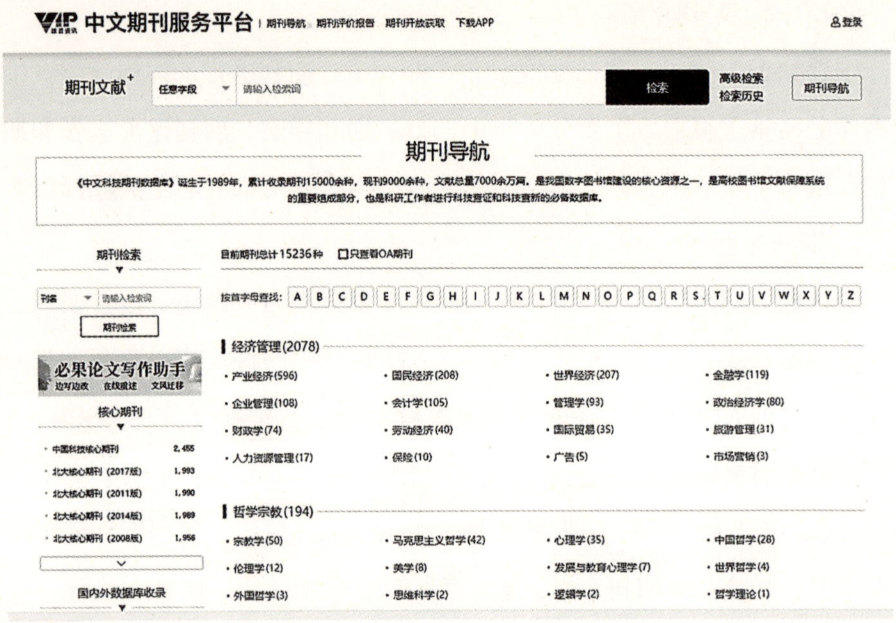

图 3-18　维普数据库期刊分类导航界面

2. 期刊评价报告

在期刊评价报告检索界面（图 3-19）中可按照期刊的学科领域、所属地区分类对期刊进行直接查找，也可通过“直接查找”中的刊名、ISSN、CN 三种检索途径直接进行检索。此外，该界面还对每本期刊 11 年间的数量和质量表征指标（被引次数、影响因子、立即指数、发文量、平均引文率等）进行统计，可通过这些期刊表征指标对同学科领域内的期刊进行比较，帮助科研工作者找到高质量期刊、阅读优质论文、投稿，以及跟踪期刊影响因子变化情况等。如检索水文学研究方面的期刊（图 3-20），在“直接查找”栏中的刊名检索途径下输入“水文”，点击检索按钮，检索到 7 本与水文学研究方面相关的期刊，在检索结果中可直接比较 7 本刊物的历年影响因子等指标，还可观察每本期刊的各指标历年的变化情况，不仅可以帮助投稿，还可针对性地阅读影响因子高的期刊中的文献，以便更高效地指导研究。

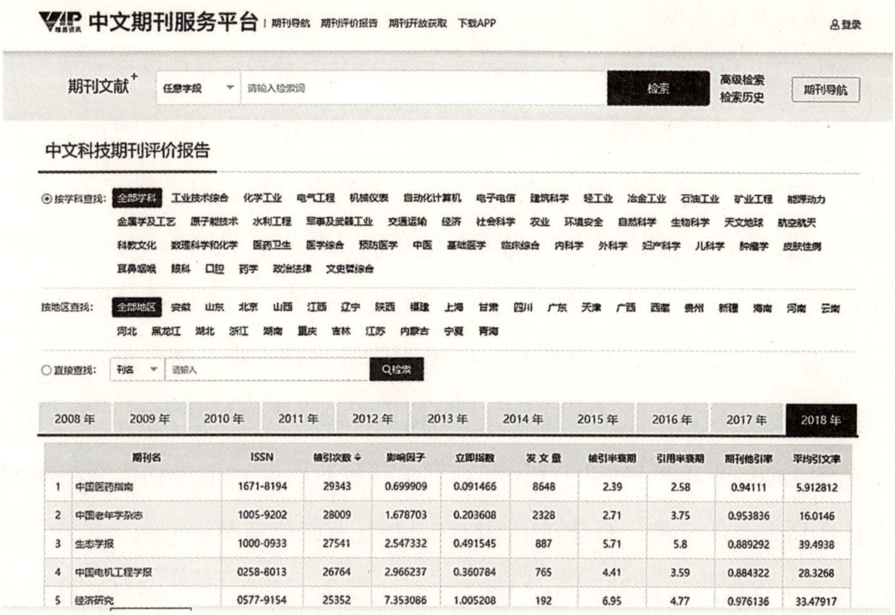

	期刊名	ISSN	被引次数	影响因子	立即指数	发文量	被引半衰期	引用半衰期	期刊他引率	平均引文率
1	中国医药指南	1671-8194	29343	0.699909	0.091466	8648	2.39	2.58	0.94111	5.912812
2	中国老年学杂志	1005-9202	28009	1.678703	0.203608	2328	2.71	3.75	0.953836	16.0146
3	生态学报	1000-0933	27541	2.547332	0.491545	887	5.71	5.8	0.889292	39.4938
4	中国电机工程学报	0258-8013	26764	2.966237	0.360784	765	4.41	3.59	0.884322	28.3268
5	经济研究	0577-9154	25352	7.353086	1.005208	192	6.95	4.77	0.976136	33.47917

图3－19　维普数据库期刊评价报告导航界面

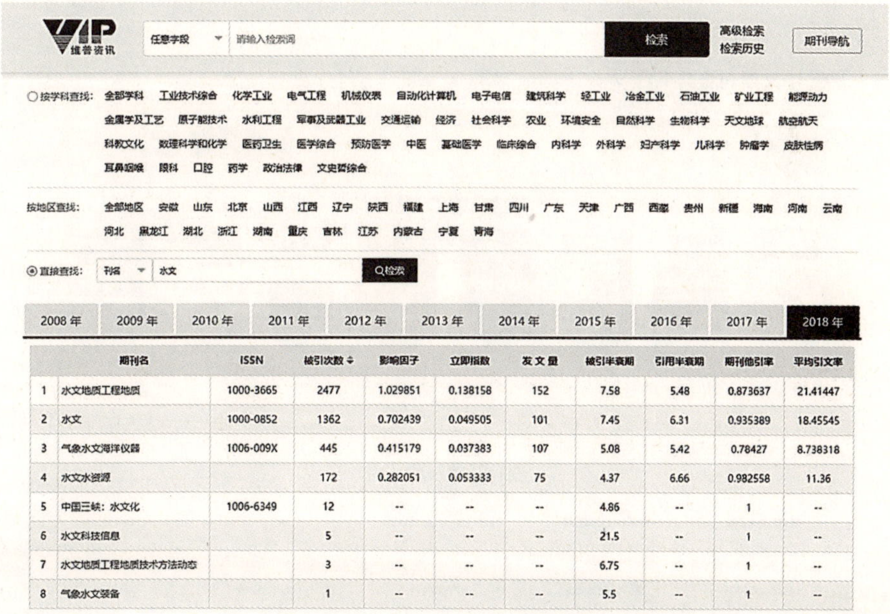

	期刊名	ISSN	被引次数	影响因子	立即指数	发文量	被引半衰期	引用半衰期	期刊他引率	平均引文率
1	水文地质工程地质	1000-3665	2477	1.029851	0.138158	152	7.58	5.48	0.873637	21.41447
2	水文	1000-0852	1362	0.702439	0.049505	101	7.45	6.31	0.935389	18.45545
3	气象水文海洋仪器	1006-009X	445	0.415179	0.037383	107	5.08	5.42	0.78427	8.738318
4	水文水资源		172	0.282051	0.053333	75	4.37	6.66	0.982558	11.36
5	中国三峡：水文化	1006-6349	12	--	--	--	4.86	--	1	--
6	水文科技信息		5	--	--	--	21.5	--	1	--
7	水文地质工程地质技术方法动态		3	--	--	--	6.75	--	1	--
8	气象水文装备		1	--	--	--	5.5	--	1	--

图3－20　水文学研究领域期刊评价报告导航

3. 期刊开放获取

开放获取（Open Access，下文或简称OA）或开放存取是国际学术界、出版界、图书情报界为了推动科研成果，利用互联网自由传播而采取的行动。其目的是促进科学及人文信息的广泛交流，促进利用互联网进行科学交流与出版，提升科学研究的公共利用程度，保障科学信息的保存，提高科学研究的效率。开放获取期刊是一种免费的网络期刊，旨在使所有用户都可以通过因特网无限制地访问期刊论文全文。此种期刊一般采用作者付费出版、读者免费获得、无限制使用的运作模式，论文版权由作者保留。在论文质量控制方面，OA 期刊与传统期刊类似，采用严格的同行评审制度。开放获取期刊不再利用版权限制获取和使用所发布的文献，而是利用版权和其他工具来确保文献可永久公开获取。

在维普数据库中的期刊开放获取界面（图3－21），可查看 OA 期刊，还可通过期刊开放获取平台直接链接 OA 期刊主页、相应研究领域平台等，如中国科技论文在线、中国高校机构知识库联盟等平台。

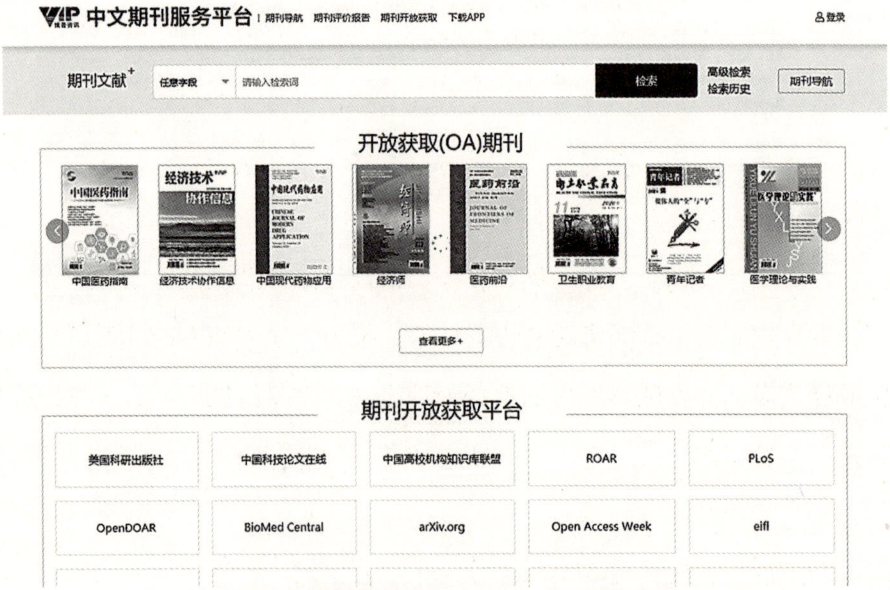

图3－21　维普数据库期刊开放获取导航界面

3.3　万方数据

万方数据成立于1993年。2000年，在原万方数据（集团）公司的基础上，由中国科学技术信息研究所联合中国文化产业投资基金、中国科技出版传媒有限公司、北京知金科技投资有限公司、四川省科技信息研究所和科技文献出版社等五家单位共同发起成立——北京万方数据股份有限公司。

万方数据是国内较早以信息服务为核心的股份制高新技术企业，经过20年来快速稳定的发展，万方数据目前拥有在职员工近千人，其中硕士以上学历的职员约占25%，专业技术人员占70%，已经发展成为一家以提供信息资源产品为基础，同时集信息内容管理解决方案与知识服务为一体的综合信息内容服务提供商，形成了以“资源＋软件＋硬件＋服务”为核心的业务模式。万方数据以客户需求为导向，依托强大的数据采集能力，应用先进的信息处理技术和检索技术，为决策主体、科研主体、创新主体提供高质量的信息资源产品。在精心打造万方数据知识服务平台的基础上，万方数据还基于“数据＋工具＋专业智慧”的情报工程思路，为用户提供专业化的数据定制，分析管理工具和情报方法，并陆续推出万方医学网、万方数据企业知识服务平台、中小学数字图书馆等一系列信息增殖产品，以满足用户对深层次信息和分析的需求，为用户确定技术创新和投资方向提供决策支持。在为用户提供信息内容服务的同时，作为国内较早开展互联网服务的企业之一，万方数据坚持以信息资源建设为核心，努力发展成为中国优质的信息内容服务提供商，开发独具特色的信息处理方案和信息增殖产品，为用户提供从数据、信息到知识的全面解决方案，服务于国民经济信息化建设，推动全民信息素质的提升。

万方数据知识服务平台整合数亿条全球优质知识资源，集成期刊、学位、会议、科技报告、专利、标准、科技成果、法规、地方志、视频等十余种知识资源类型，覆盖自然科学、工程技术、医药卫生、农业科学、哲学政法、社会科学、科教文艺等全学科领域，实现海量学术文献统一发现及分析，支持多维度组合检索，适合不同用户群研究。万方智搜致力于“感知用户学术背景，智慧你的搜索”，帮助用户精准发现、获取与沉淀知识精华。万方数据愿与合作伙伴共同打造知识服务的基石、共建学术生态。

3.3.1 基本检索

通过万方数据的基本检索界面（图3－22）中可实现对期刊、学位、会议、专利、标准等文献类型的检索。每一种文献类型下对应的检索途径有所不同，当选择某种文献类型时，对应点击基本检索框，可出现对应文献类型的检索途径，选择适合的检索途径后，输入检索词即可进行检索操作。

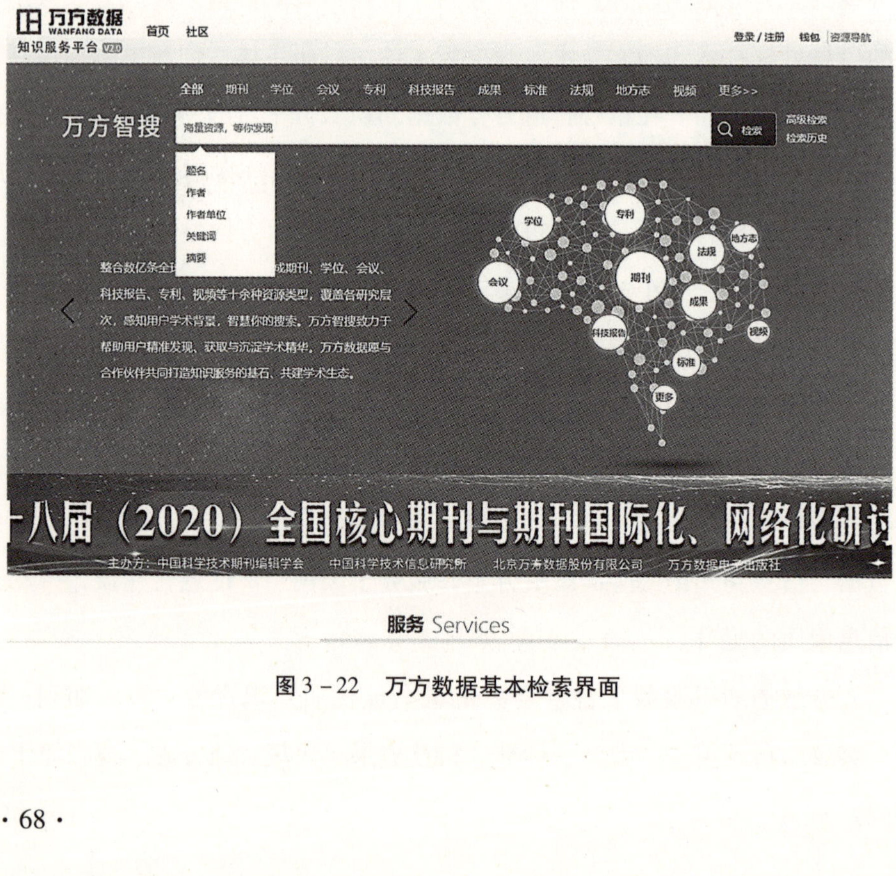

图3－22 万方数据基本检索界面

3.3.2　高级检索

点击基本检索框右侧的高级检索按钮，进入到万方数据的高级检索界面（图3－23），在高级检索中默认的三种文献类型为“期刊论文”“学位论文”和“会议论文”，可根据检索需求删减或增加数据库。文献类型下方是主要检索信息模块，点击“+”“－”框可增加或减少检索框，根据检索需求选择合适的检索途径，并进行精确或模糊的匹配，也可对检索需求进行“发表时间”“中英文扩展”“主题词扩展”等方面的限定。

检索实例：检索坡耕地间作模式水土保持效应研究

第一步，分析研究课题。研究主题为坡耕地，间作模式为坡耕地上的一种耕作模式，在间作模式下会对坡耕地水土保持产生一定影响，即效应研究。

第二步，选择文献类型。在万方数据主页可选择的文献类型有期刊论文、学位论文、会议论文、专利、中外标准、科技成果和科技报告。

第三步，制定检索策略。提取检索词为坡耕地、间作模式、水土保持；确定各检索词之间的逻辑关系为 and 检索；编辑检索式：坡耕地 and 间作模式 and 水土保持；确定检索途径，三个检索词可为同一检索途径或不同检索途径，为扩大检索结果数量，本例中可将三个检索词均设定为主题检索途径（图3－24）。

第四步，选择检索途径。输入各检索词进行检索，结果如图3－25 所示。检索结果为29 条文献，检索结果默认按照与课题的相关度进行排序，且各检索词被标为红色字体。另外，也可将检索结果按照被引频次、出版时间进行排序，以选择被引频次高，或者文献发表时间较近的文献。除此之外，还可根据获取范围（免费全文、原文传递等）获取文献全文，并根据检索需求在检索结果界面的左侧，选择资源类型、年份、学科分类、作者、机构、来源数据库等对文献结果进行筛选。

使用高级检索需要注意的是：同一检索式，如果各检索词的检索途径相同时，可在不同检索框中输入各检索词进行检索，也可在一个检索框中输入检索式“坡耕地 and 间作模式 and 水土保持”，直接进行检索，如图 3－26 所示。在同一检索框中输入检索式时，检索词与逻辑运算符之间须空一格，否则检索结果数量将会明显降低，影响查全率。

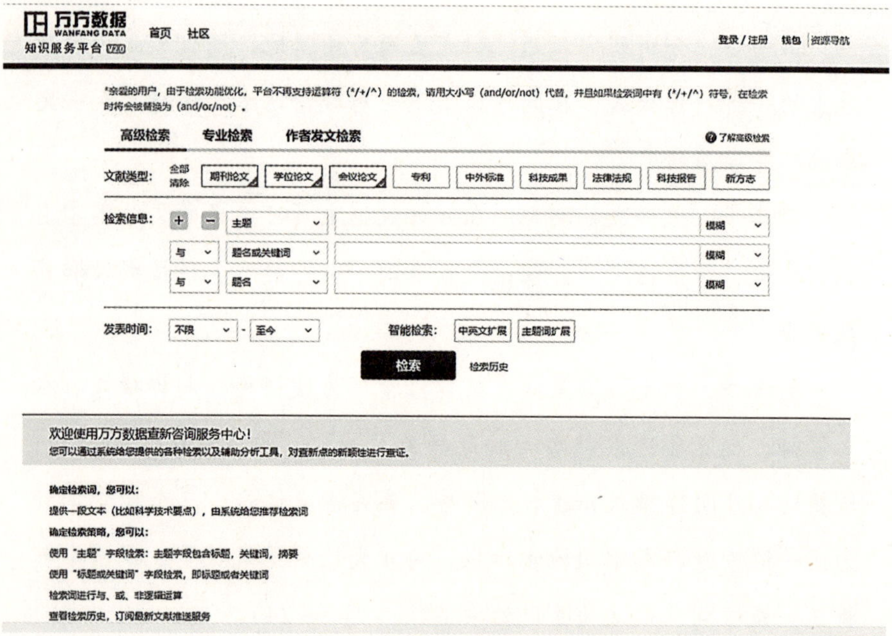

图 3－23　万方数据高级检索界面

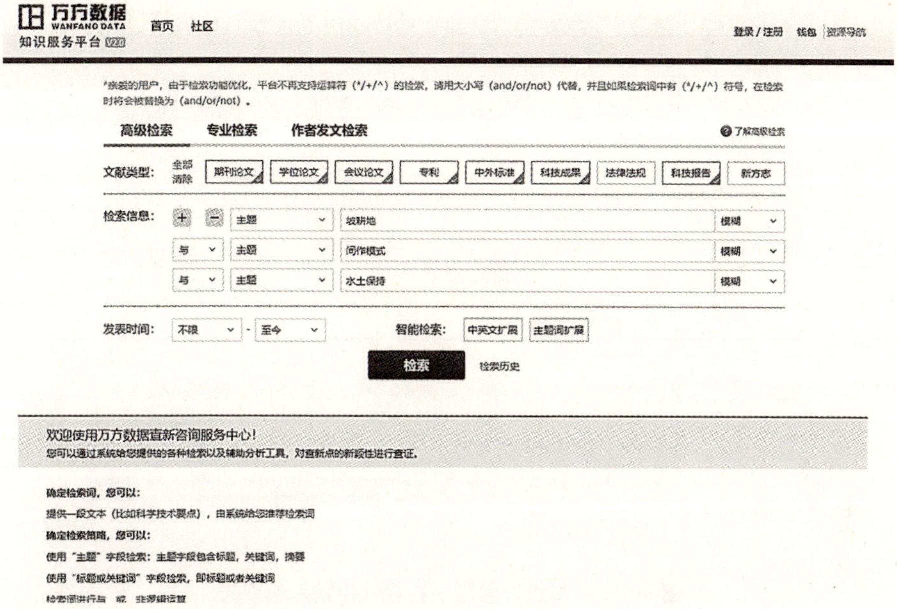

图 3－24　高级检索主题检索途径输入检索词界面

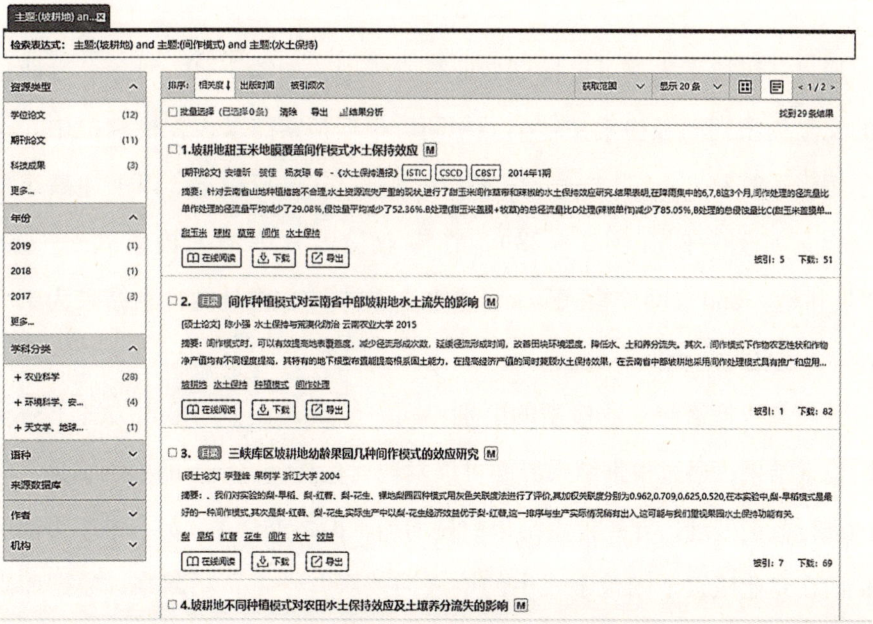

图 3－25　高级检索主题检索途径结果界面

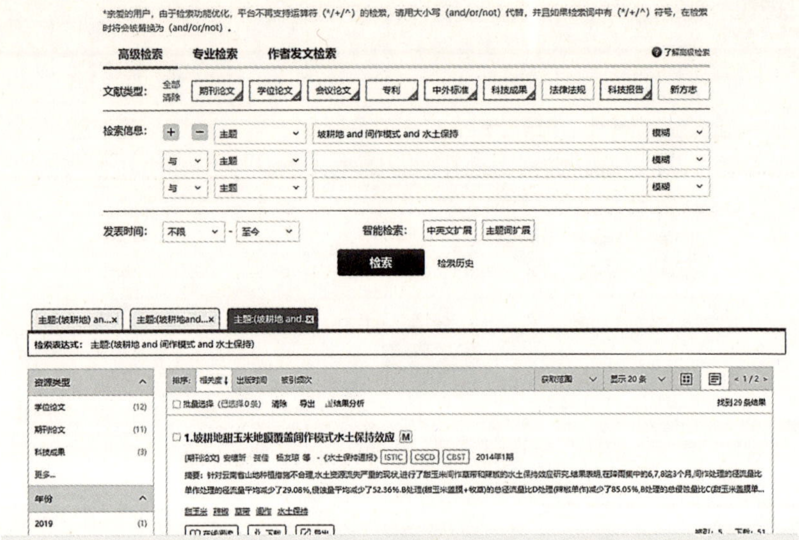

图 3－26　高级检索同一检索框中输入检索式

3.3.3　专业检索

通过高级检索界面可链接到专业检索界面，如图 3－27 所示。专业检索中的文献类型同高级检索文献类型相同。根据检索需求，在检索框中，运用布尔逻辑运算符“and”“or”“not”编辑检索式进行检索。以上述高级检索中的检索实例为例（图 3－28），在专业检索框中输入检索式——主题:(“坡耕地”and“间作模式”and“水土保持”)，得到的检索结果为 12 条，比高级检索少 17 条文献。

比较高级检索与专业检索的区别：同一检索式在不同检索方式下得到不同的检索结果，通过检索结果界面可以发现，在高级检索下的检索结果会将检索词进行截词处理，导致检索结果数量增加，提高查全率，但查准率可能会降低；而在专业检索下的检索式中的检索词被双引号“”括起来，数据库默认双引号中的检索词作为一个整体被精确匹配检索，因此专业检索中通过使用“”（双引号）对检索词进行精确匹配限定，使得检索结果数量相对较少，降低了查全率，但查准率相对较高。因此，当检索词为一个词组，但又必须作为一个整体进行精确检索时，可通过专业检索实现较为准确的检索。

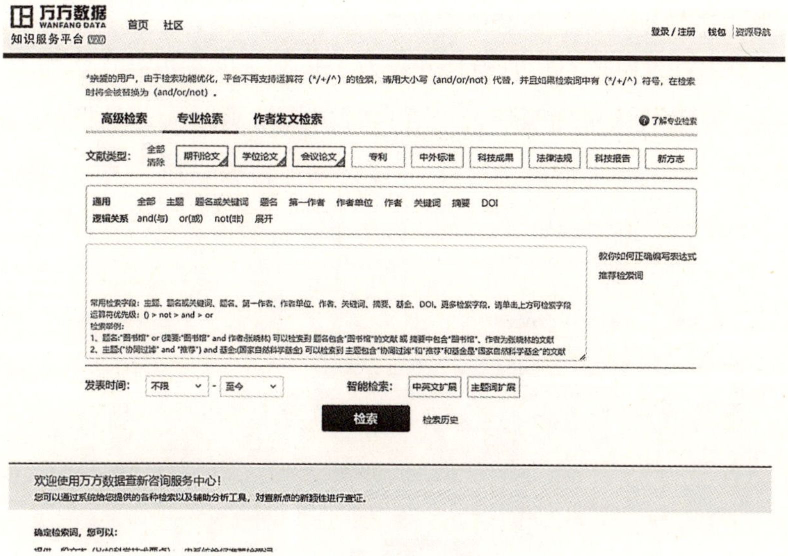

图 3－27　万方数据专业检索界面

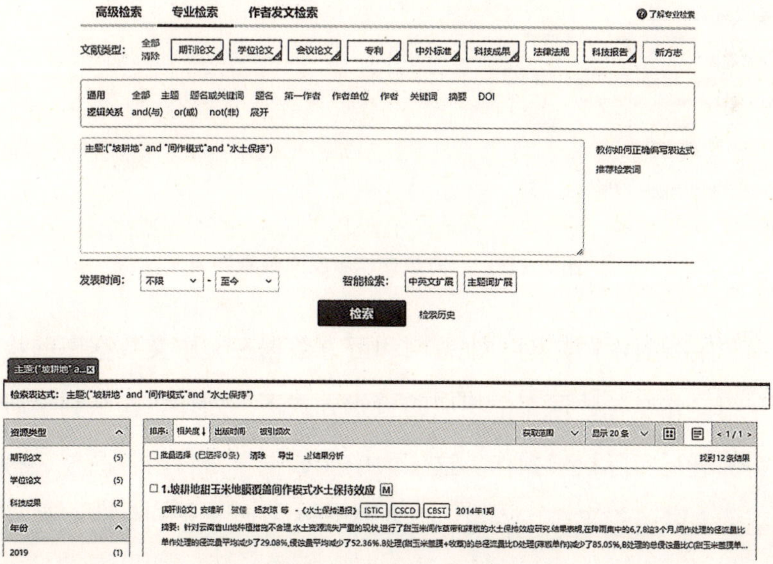

图 3－28　万方数据专业检索实例

3.3.4 作者发文检索

通过高级检索界面可直接链接到作者发文检索界面（图 3－29）。在作者发文检索中，可以输入作者名称和作者单位等字段来精确查找相关作者的学术成果，系统默认精确匹配，也可自行选择精确匹配还是模糊匹配。同时，可以通过点击输入框前的“＋”号来增加检索字段。若某一行未输入作者或作者单位，则系统默认作者单位为上一行的作者单位。

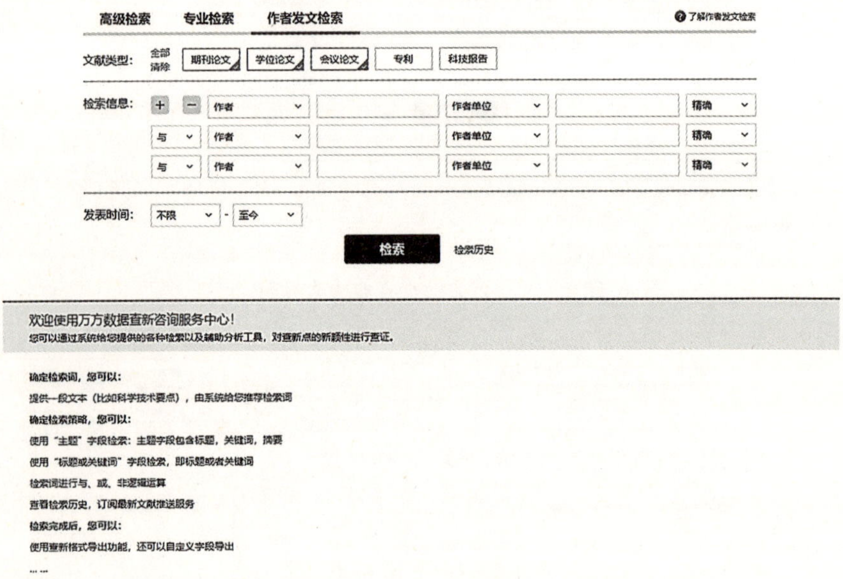

图 3－29　万方数据作者发文检索界面

本章节主要对中国知网、维普网和万方数据三大中文数据库的检索与使用进行介绍，并在各数据库中相应的检索方式下，列举一些水利学研究领域的检索实例进行实际检索操作。这三大中文数据库是目前各高校、科研院所普遍使用的文献检索平台，在这些数据库中均有收录水利学研究领域的相关文献和核心期刊，是水利学研究领域的科研工作者首选的数据库。

第4章　外文水利学文献检索工具

Engineering Village 数据库（简称 Ei）作为爱思唯尔（Elsevier）公司资源网络服务平台，主要提供应用科学和工程领域的文摘索引信息，涉及核技术、生物工程、交通运输、化学和工艺工程、照明和光学技术、农业工程和食品技术、计算机和数据处理、应用物理、电子和通信、控制工程、土木工程、机械工程、材料工程、石油、宇航、汽车工程等领域，为工程师研究人员提供最专业、内容最丰富的工程科学数据库和相应的科技文献检索。Ei 平台大约 22% 的数据为主题词和摘要的会议论文，90% 的文献是英文文献。该平台主要包括 Compendex、INSPEC、CRC ENGnetBASE、United State Patent and Trademark Office、Techstreet Standards、Scirus 等数据库。其中的 Compendex 是目前全球最全面的工程领域文献数据库，涉及 190 个工程学科，囊括了从 1969 年至今的 1130 多万份文摘记录，数据来源于 5600 种工程类期刊、会议论文集和技术报告，含 1000 多万条记录，每年新增约 65 万条文献。该数据库提供了通过规范化的主题词检索途径。

通过 Ei 数据库登录网址（http://www.engineeringvillage.com）进入到数据库主页（图 4－1），即 Ei 数据库默认的基本检索界面。Ei 数据库提供了六种检索方式：快速检索（Quick）、专业检索（Expert）、叙词表（Thesaurus）、工程研究概述（Engineering Research Profile）、作者（author）、作者单位（affiliation）。文献类型主要有期刊论文（Journal article）、会议论文

(Conference article)、图书章节（Book chapter)、论文（Dissertation)、标准(Standard)、会议纪要（Conference proceeding)、报告综述（Report review)、勘误表（Erratum)、图书（Book)、报告章节（Report chapter)、社论（Editorial)、专利（Patent)、注释（Note)。检索字段主要有所有字段（All Fields)、主题/标题/摘要（Subject/Title/Abstract)、摘要（Abstract)、作者(Author)、作者单位（Author affiliation)、标题（Title)、国际标准连续出版物编号（ISSN)、标题来源（Source title)、国家（Country of origin)、基金信息（Funding information）等。在检索中可通过添加搜索字段（Add search field）增加检索框来实现高级检索过程，同时还可通过检索框下方的数据(Date)、语种（Language)、文献类型（Document type)、学科（Discipline)等对检索过程进行限定。Ei 数据库中的运算符主要有逻辑算符（and、or、not)、位置算符（near)、通配符（＊）和词根符（＄)。

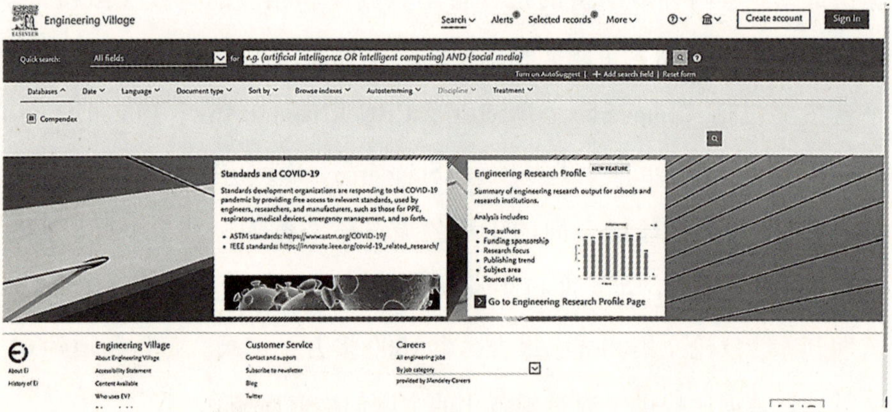

图 4－1　Engineering Village 数据库检索界面

例如，在 Ei 数据库中检索施工技术（Construction technology、Construction technologies）方面的文献，可在基本检索框 Title（标题）中输入 Construction technolog＊，用＊代替 technology 和 technology 复数变体形式（图 4－2)。检索结果数量较多，可通过左侧筛选栏中的筛选项进行筛选，筛选项主要有 Access type（访问类型）、Author（作者）、Author affiliation（作者单位）、Document type（文献类型）、Controlled vocabulary（控制性词汇）、Year（年）、Source Title（标题来源）等。另外，还可将检索结果中的文献导出后进行存储，以便阅读和后续研究（图 4－3）。导出文献的格式有 Word、Text、CSV、Excel、PDF 等，输出文献信息内容主要包括 Current page view（当前页面视图）、Citation（引用）、Abstract（摘要）和 Detailed record（详细记录）4 种。

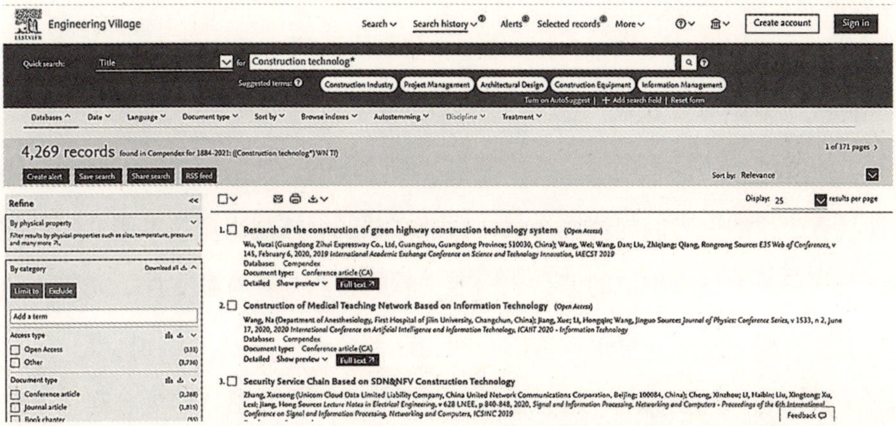

图 4－2　Engineering Village 数据库检索实例

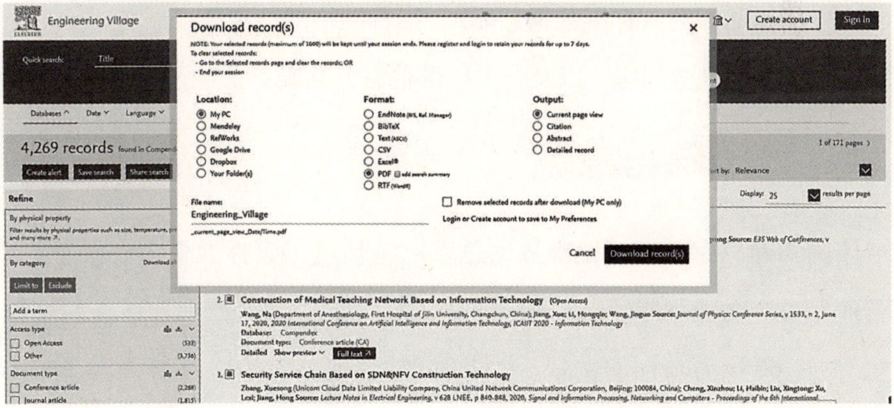

图 4－3　Engineering Village 数据库检索结果导出与存储

第5章　水利学标准文献检索

标准文献是对工农业产品和工程建设各个方面的质量、规格、参数及其检验方法等做出的技术规定，是从事生产和建设的一种共同的技术依据。作为一种具有法律约束力的规范性文献，标准文献能够体现出该技术研究领域的发展水平和获取大量有价值的信息。标准文献的特点是具有独立性、完整性和法律约束性。根据制定和审批机构的不同，标准文献可分为：国际标准、区域标准、国家标准、行业标准、地方标准、企业标准等。显然，作为水利学研究领域，标准文献无疑是一种非常重要的文献类型。目前，获取标准文献的数据库主要有中国知网中的《标准数据总库》、维普网中的标准信息服务平台、万方数据中的中外标准数据库，以及全国标准信息公共服务平台。

5.1　CNKI 标准数据总库

中国知网总库中的《标准数据总库》包括《国家标准全文数据库》《中国行业标准全文数据库》《职业标准全文数据库》和《国内外标准题录数据库》，共计60余万项标准文献。CNKI 标准数据总库的这四个子数据库在标准文献的收录年限、收录数量、标准分类、使用说明等均有所不同，详细介绍参考本书第三章中的标准数据总库部分。

《标准数据总库》是 CNKI 的子数据库，其中的高级检索和专业检索界面的检索方法等与 CNKI 相同，这里不再赘述（详细参考本书 3.1 节）。其中各类型标准数据库的检索途径均为：主题、篇关摘、标准名称、标准号、关键词、摘要、全文、起草人、起草单位、发布单位、出版单位、中国标准分类号、国际标准分类号。

点击标准数据总库的检索界面（图 5－1）中的“高级检索”按钮，进入标准文献的高级检索界面（图 5－2）和专业检索界面（图 5－3）。检索水利学领域的标准文献时，首先可在高级检索和专业检索界面左侧的“文献分类”下的中标分类、国标分类和学科导航三个细分类目中选择，例如，中标分类中的农业、矿业、能源、机械等，国标分类中的建筑材料和建筑物，学科导航中的工程科技等。

进行标准文献高级检索时，除对检索词进行检索途径的限定外，还可通过时间范围（发布日期、实施日期）、标准状态（现行、即将实施、被代替、废止、废止转行标）、中英文扩展、同义词扩展等对检索结果进行限定。

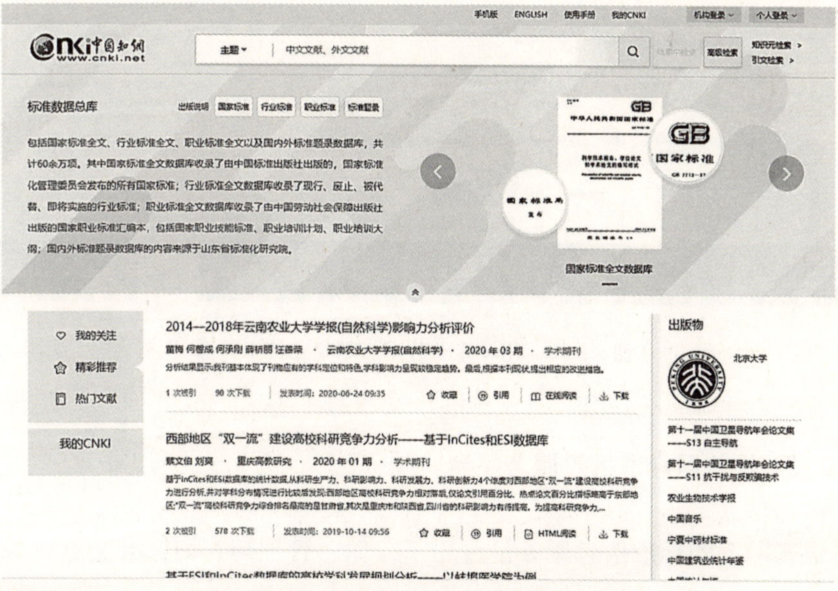

图 5－1　CNKI 标准数据总库检索界面

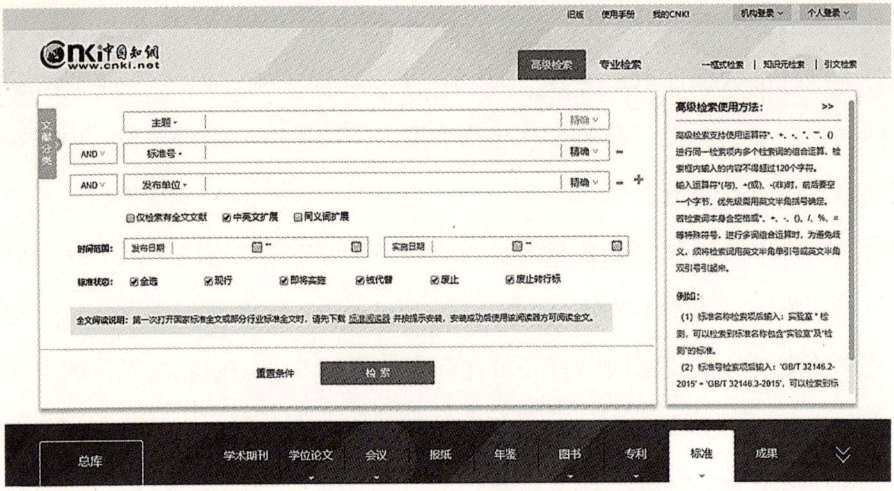

图 5－2　CNKI 标准数据总库高级检索界面

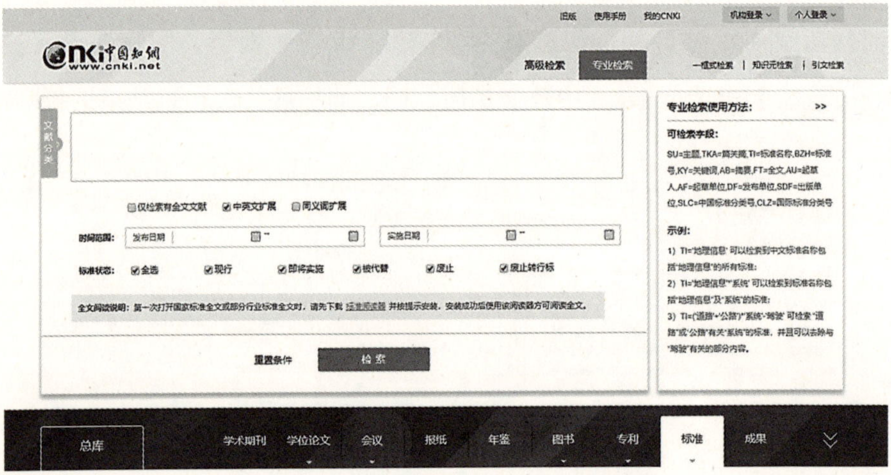

图 5－3　CNKI 标准数据总库专业检索界面

5.2　维普网标准信息服务平台

维普网下的标准信息服务平台用于存储、管理与查询标准文献资源，建立企业或机构的标准化管理体系。提供对国内与国际标准的分类管理与查询应用，支持对企业自定标准的存储管理与体系建设。平台采用先进的云服务模式，同步更新国家权威机构发布的标准变化信息，第一时间揭示标准的更替、采用与引用情况，实现了标准的即时跟踪服务，为企业和研究机构提供标准时效性与权威性的双重保障。平台可查询和管理国内标准元数据资源 21 万余条，其中现行有效的国家标准、行业标准“元数据”覆盖率达 99.6% 以上。

该平台主要提供以下服务：

（1）帮助企业建立个性化的标准资源管理体系，提供完善的标准资源管理以及标准体系建设方案，企业通过自定义标准的分类与描述，配合权限控制，可有效地实现对标准资源的存储、管理、应用，从而促进企业标准化的研究，为企业生产和研发活动提供有力支持。

（2）云端数据服务，实现对标准数据的实时跟踪和预警，云端服务定期与本地数据进行通信，获取关键元数据信息并进行唯一定位。云端服务将提供对公共的具体标准数据的应用、跟踪、预警等。破除本地数据和应用平台的信息孤岛效应，实现动态的信息流通。

（3）云存储和备份，降低企业维护的成本和风险，数据层支持云端数据备份和公共存储应用（可选服务）。应用层功能与设计实时与云端同步，支持在线升级和恢复。

（4）企业自有标准数据的加工与规范化协作，提供专有接口和数据存储池，支持企业申请对自有标准数据资源的加工和规范化处理。平台通过云端获取企业提交的数据，加工后再自动分发（或本地安装）到本地管理平台，实现标准化的数据加工、入库流程。

标准信息服务平台仅提供部分标准元数据信息和公告信息，不提供标准资源的全文保障服务。其检索方式如下：

（1）检索方式可分为快速检索和高级检索、全文检索：快速检索可通过输入标准号或标准名称的关键字进行模糊匹配，快速命中目标资源。高级检索可通过标准号、名称、适用范围、发布时间等信息进行精确查询。全文检索可实现对标准资源的全部字段以及全文内容的检索。检索界面可进行分类浏览，按照国际、国内标准分类号或标准化技术委员会、自定义分类标签等方式进行分类浏览。检索结果可按照时间、现行/废止、分类号、发布时间、实施时间等条件进行限定、筛选、排序。

（2）标准文献的获取可通过浏览器打开自建标准，实现在线阅读、全文下载、题录导出等。

（3）标准跟踪。该平台自动跟踪国家权威机构的标准公告，同步更新公告涉及的标准状态，自动更新标准的关联关系，包括更替、引用、采用等关系；提供标准的历史追踪，展示标准的替代历程，罗列往期标准；提示标准的状态即将变化，进行标准预警；显示采用标准的信息。

5.3 万方中外标准数据库

万方数据的中外标准数据库（图 5－4）收录了所有中国国家标准（GB）、中国行业标准（HB），以及中外标准题录摘要数据，共计 200 余万条记录，其中中国国家标准全文数据内容来源于中国质检出版社，中国行业标准全文数据收录了机械、建材、地震、通信标准以及由中国质检出版社授权的部分行业标准；中外标准题录摘要数据内容来源于浙江标准化研究院。万方数据为标准检索提供了标准类型、标准号、标题、关键词、发布单位、起草单位、中国标准分类号、国际标准分类号等检索途径。在该数据库行业分类中有工程建设、建材等领域，可作为水利学研究领域标准文献的首选行业分类的选择项。其中的工程建设包括工程建设综合、工程勘察与岩土工程、工程抗震、工程防火、人防工程，以及工程结构、工业与民用建筑工程和给水、排水工程，以及供热、供气、空调及制冷工程，城乡规划与市政工程，水利、水电工程，电力、核工业工程，交通运输工程、原材料工业及通信、广播工程，机电制造业工程，农林业及轻纺工业工程，工业设备安装工程。

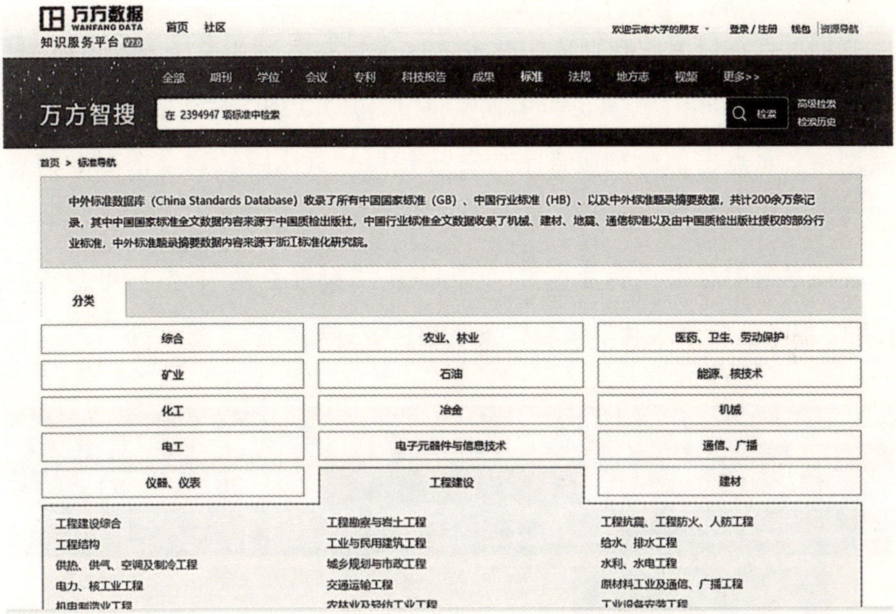

图 5－4　万方中外标准数据库检索界面

5.4　全国标准信息公共服务平台

全国标准信息公共服务平台是国家标准委标准信息中心具体承担建设的公益类标准信息公共服务平台，服务对象是政府机构、国内企事业单位和社会公众，目标是成为国家标准、国际标准、国外标准、行业标准、地方标准、企业标准和团体标准等标准化信息资源统一入口，提供一站式服务。在该平台上，通过通用搜索引擎，只需输入关键词，就可以获得最全面的标准信息。作为公益性资源服务平台，平台上的标准题录、公告、制修订过程信息都免费向社会公开，并且已经实现了国家标准的全文公开，随着平台建设的进一步发展，越来越多的行业标准和地方标准全文都会在该平台免费获得。通过对全国标准信息公共服务平台的各种标准数据进行深度挖掘，建立跨层级的标准资源关联，可以通过技术委员会、起草单位、起草人，查询相关的国家、行业、地方、国际国外标准。

我们可通过以下两种方式访问全国标准信息公共服务平台：（1）直接输入平台网址（http：//std. samr. gov. cn/）访问（图5－5）；（2）在国家标准委网站首页点击“标准服务平台”按钮后，页面跳转到全国标准信息公共服务平台。

在该平台中点击“行业标准”，再点击“标准查询”，然后可直接通过“水利”标签，检索水利学领域已备案的行业标准文献（图5－6）。

图5－5　全国标准信息公共服务平台检索界面

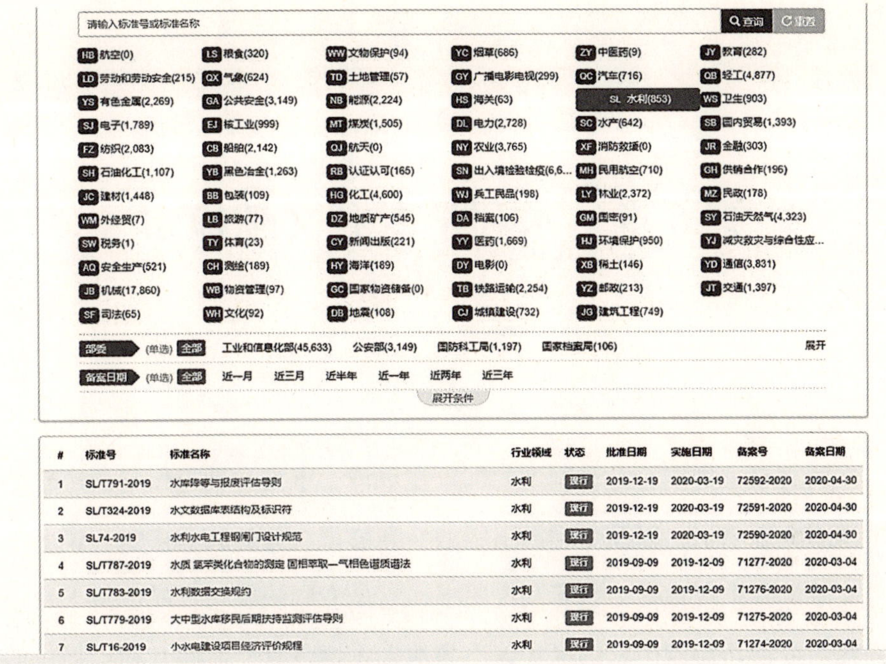

图 5－6　全国标准信息公共服务平台水利行业检索

第6章　水利学专利文献检索

专利文献是指实行专利制度的国家在申请、审批专利过程中所产生的专利申请书、说明书，以及专利局出版的专利公报、分类表、索引、说明书等各种文献。其中最重要的是专利说明书，它是专利的发明者或申请人希望自己的发明或创新得到国家的保护，不为他人无偿占有，而向专利局提供的详细阐述该发明内容及技术要点的文件。专利需经专利局审核后向全世界出版发行，以获取法律保护，其内容具体、详尽可靠，具有新颖性、实用性和创新性的特点，能够反映科学研究的最新技术水平，是科学技术进步的重要信息来源。

识别专利文献的主要著录特点和依据有专利号、专利名称、申请人、申请时间等。

6.1　CNKI专利库

中国知网旗下的《专利库》（图6－1）包括中国专利和海外专利，其中的专利文献来自国家知识产权局知识产权出版社，中外专利文献至今共计收录1.0余亿项。《专利库》中的中外专利数据库在专利文献的收录年限、收录数量、专利分类、显著优势等方面请参照本书3.1节中专利库的详细介绍。

在《专利库》中进行中国专利检索时，可对发明公开、发明授权、外观设计和实用新型专利文献进行高级检索和专业检索。在两种检索方式下可以通过申请号、申请日、公开号、公开日、专利名称、关键词、分类号、申请人、发明人、优先权等检索途径进行专利文献检索，可下载专利说明书全文，也可链接到欧洲专利局网站。通过任何一种检索途径得到的专利文献，首先应查看专利文献的法律状态是否处于有效期内，了解专利法律状态的主要原因有：（1）专利法律状态是专利人查询专利时需要了解所检索的专利概况，了解其他专利人的专利处于有效或失效状况，或者在申请专利前需要了解专利是否与他人重复等；（2）有利于专利转让和专利许可，此时需要了解专利现在的状态，考虑是否购买该专利，专利许可也是如此。专利的法律状态包括：专利权的授予，专利申请权，专利权的无效宣告，专利权的终止，专利权的恢复，专利权的质押、保全及其解除，专利实施许可合同的备案，专利实施的强制许可及专利权人姓名或名称、国籍、地址的变更。了解了专利法律状态后，再了解专利摘要、专利说明书等内容，进而对专利文献的研究背景、技术内容等进行详细阅读。

在《专利库》中进行海外专利文献检索时，同样在高级检索和专业检索界面中，首先需要对专利所属国别/地区进行选择，然后再通过检索途径进行外文专利文献的检索。在检索途径中可输入中文检索词进行海外专利检索，得到的检索结果为中文检索词对应的外文专利文献，下一步可通过专利所属的国别名称、专利文献所属年度、专利主要主题、次要主题等对海外专利文献进行相应目的的筛选。

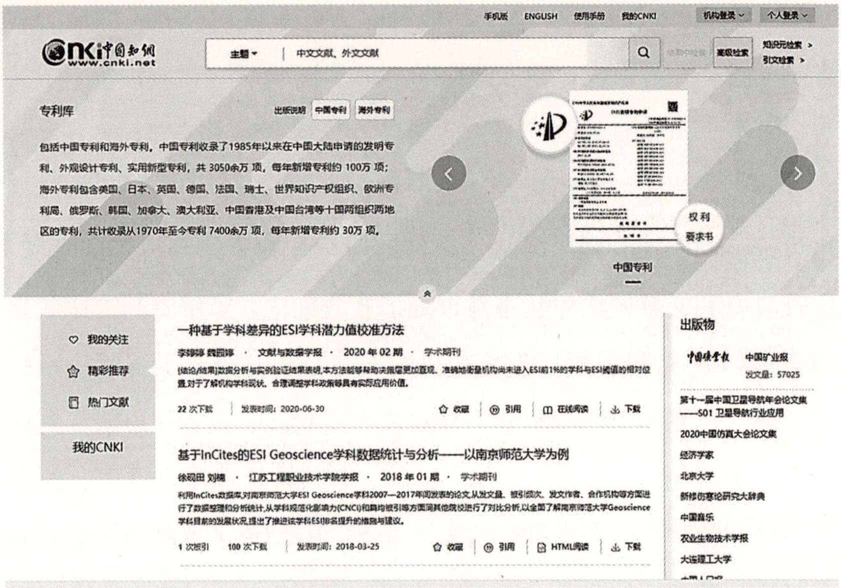

图 6－1　CNKI 专利库

6.2　万方中外专利数据库

万方数据的中外专利数据库（图 6－2）收录从 1985 年起至今的专利文献，目前共收录中国专利 2200 万余条，国外专利 8000 万余条，年增 200 万条，收录范围涉及十一国两组织，其中十一国为中国、美国、澳大利亚、加拿大、瑞士、德国、法国、英国、日本、韩国、俄罗斯；两组织为世界专利组织、欧洲专利局。万方中外专利数据库为专利检索提供申请号、申请日期、公开号、专利名称、摘要、主分类号、分类号、申请人、发明人、代理机构、代理人、主权项、国别省市代码等检索途径。在该数据库中可通过 IPC 国际专利分类法对专利的分类进行相关学科领域的专利文献检索。点击专利数据库主页的“固定建筑物”标签，可查找与水利工程领域相关的专利文献（图 6－3）。另外，进入到水利工程领域的检索页面后，进一步可通过左侧的专利分类、专利类型、国家 /地区、法律状态、专利权人、发明人等对专利文献进行筛选，还可按照相关度、申请时间、公开时间对专利文献进行排序、筛选，以及通过点击页面上方的“获取范围”按钮，筛选国外专利和国内专利。

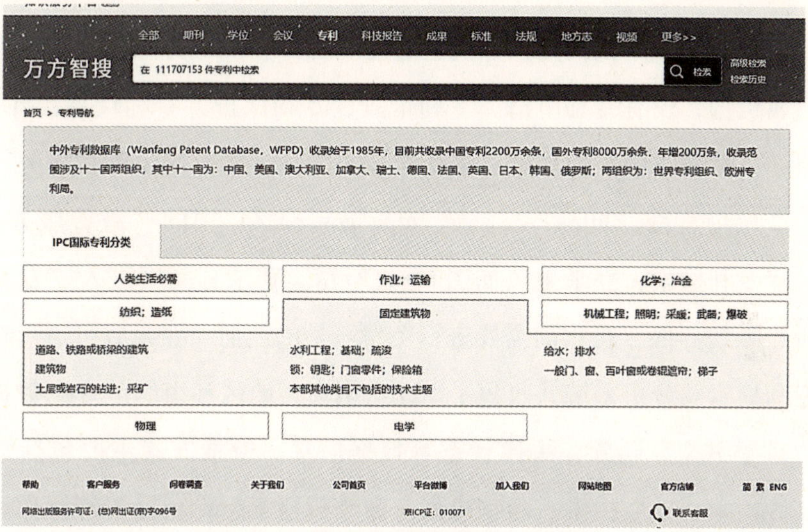

图6-2　万方中外专利数据库检索界面

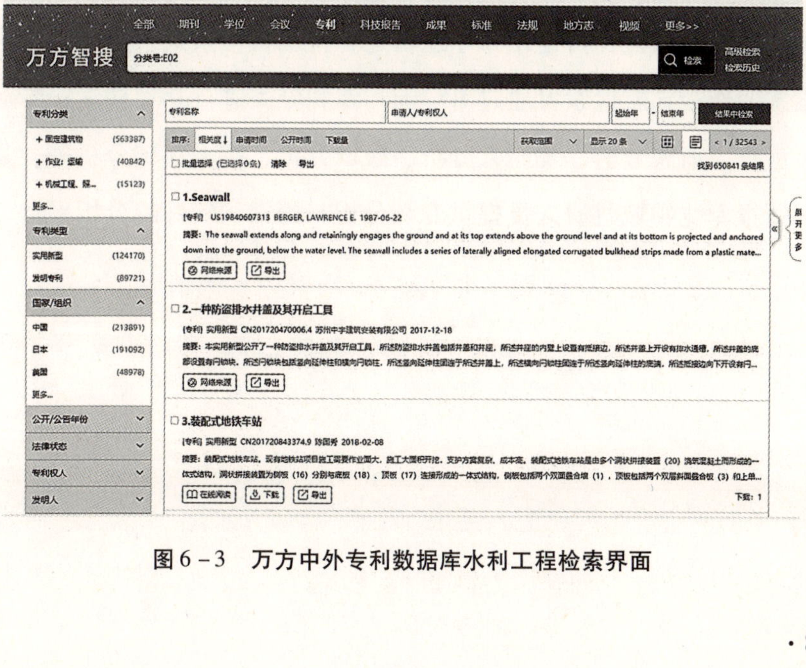

图6-3　万方中外专利数据库水利工程检索界面

6.3 其他免费专利数据库

6.3.1 中国国家知识产权局网站

中国国家知识产权局是国务院主管专利工作和统筹协调涉外知识产权事宜的直属机构，设有专利申请、专利审查、专利保护、专利代理、PCT、集成电路、文献服务、要闻动态、法律法规、国际合作等知识产权事务。在国家知识产权局官网（https：//www. cnipa. gov. cn /）中的“政务服务平台”下可进行专利检索，登录主页如图6－4所示。登录官网后进入“专利检索及分析”系统界面，检索前需要进行免费账号的注册与登录方可进行专利检索。专利检索及分析系统共收集了103个国家、地区和组织的专利数据，同时还收录了引文、同族、法律状态等数据信息。检索方式主要包括常规检索、高级检索、导航检索、药物检索、命令行检索、专利分析等操作。常规检索和高级检索中可通过发明名称、申请（专利权）人、发明人、IPC分类号、摘要、权利要求、关键词等途径进行中国专利和国外专利检索，在高级检索的检索式编辑区，可运用布尔逻辑运算符编辑检索式，还可直接进行生成检索式操作；导航检索可通过IPC国际专利分类进行专利检索；专利分析界面可进行申请人分析、发明人分析、区域分析、技术领域分析等，是一个为图书情报专业领域科研人员提供专利分析与探索的较好的分析平台。

图 6－4　中国国家知识产权局网站

6.3.2　中国专利信息网

中国专利信息网登录网址为 http：//www. cnpat. com. cn /，如图 6－5 所示。在中国专利信息网中最重要的产品之一是专利之星检索平台（CPRS），在该平台中可进行中国专利和世界专利的检索。主要检索方式包括智能检索、表格检索、专家检索、分类检索等。检索途径主要有标题、关键词、主权利要求、申请人、发明人、分类号、申请号、公开号等。在分类检索界面中可进行 IPC 分类查询、外观分类查询和国民经济分类查询。因此，在使用专利之星检索系统时需要对所检索内容与 IPC 国际分类、外观分类等进行准确对应，以准确命中检索需求。

图 6－5　中国专利信息网网站

第 7 章　图书检索

7.1　图书概述

“图书”一词最早出现在《史记·萧相国世家》中，这里的“图书”是指地图和文书档案，与今天所说的图书有所区别。随着图书定义的不断演变，到今天，对图书的定义有了更加具体的表述。联合国教科文组织对图书的定义：凡由出版社或出版商出版的不包括封面和封底在内的 49 页以上的印刷品，具有特定的书名和著者名，编有国际标准书号，有定价并取得版权保护的出版物称为图书。图书以传播知识为目的，是将文字、符号或图形记载于某种载体上并有一定形式的著作物，行使宣告、著述、保存于传播知识的职能。图书作为人类社会信息知识交流的媒介物之一，具有出版量大、系统、完整、全面、定型、独立、便于携带等优点，但由于出版时间长、报道速度慢、时效性差，不能及时反映最新研究成果。据统计，近年来，我国每年出版的新书品种接近二十万种，如何从浩瀚如海的图书资源中快速获取所需要的图书资料成为人们需要掌握的重要技能。

7.2 图书的检索

7.2.1 图书检索途径

图书的外部特征主要有书名、著者、出版社、ISBN 号、出版地、出版时间等，图书的内容特征主要有分类和主题检索途径两种。其中的国际标准书号（International Standard Book Number，简称 ISBN）是国际通用的图书或独立出版物的代码，是专门识别图书等文献而设计的国际编号。1972 年，由国际标准化组织（ISO）颁布了 ISBN 国际标准，并在西柏林普鲁士图书馆设立了实施该标准的管理机构——国际 ISBN 中心。2007 年 1 月 1 日起，新版 ISBN 由 13 位数字组成，分为 5 段，即在原来的 10 位数字前加上 3 位 EAN（欧洲商品编号）图书产品代码 978 和 979。在很多书目等数据库中，ISBN 已被作为一个检索字段，为检索者增加了一种检索途径。利用图书检索的相关数据库检索图书文献资料时，图书的外部特征和内容特征被作为这些数据库中的检索途径，并与数据库中的检索技术、检索方法等匹配，完成对图书文献的检索。

7.2.2 图书检索工具

图书检索工具一般可分为两种类型：（1）获取图书全文的一次图书检索工具，如超星数字图书馆、国家数字图书馆、书生数字图书馆、Apabi 数字图书系统等；（2）通过目录、索引、网络等目录数据库获取图书相关信息的二次图书检索工具，如印刷型图书检索书目工具、图书馆馆藏目录数据库、联机图书目录检索系统等。利用图书二次检索工具检索到的图书信息，再继续通过其他一次图书检索工具查找全文。

7.2.2.1　书目型检索工具

书目是图书目录的简称，是对一批图书文献的相关内容进行著录，形成记录款目，并按照一定次序编排而成的报道性检索工具。书目报道了图书文献的书名、著者、出版社、出版地等相关信息。书目型检索工具主要有《全国总书目》《全国新书目》和《中国国家书目》等。《全国新书目》1951 年创刊，是经国家新闻出版署批准的书目检索类期刊，该刊使用了国际标准图书分类法，便于读者快速检索到所需内容。《全国新书目》在专业化书目数据服务方面具有独创性、针对性和权威性，是图书馆、发行机构和出版单位必备的综合性书目信息工具刊。《全国总书目》是一本图书年鉴性质的综合性、系列性图书的目录，全书由分类目录、专门目录和附录三部分组成，并按照《中国图书馆图书分类法》的分类体系进行分类和编排，以国家标准著录。《中国国家书目》由北京图书馆《中国国家书目》编委会主编，可向国内外提供卡片、书本、磁盘、磁带、光盘等多种形式的书目工具，是一本全面、系统的报道中国出版物的大型书目。《中国国家书目》收录了中国（包括港、澳、台地区）以及其他国家出版的文献，其文献类型和范围包括图书、连续出版物、地图、技术标准、博士论文、书刊索引、少数民族语言文献、盲文文献等，是目前我国收录文献最全的书目，是图书馆必备的一种采选文献的参考工具。

7.2.2.2　OPAC 联机馆藏目录系统

OPAC 全称为联机公共目录检索系统（Online Public Access Catalog; OPAC），是图书馆和读者在网上交流的最重要的窗口，起着沟通读者与馆藏资源、读者与资源服务的作用，为读者通过网络检索和利用图书馆馆藏资源提供了极大的便利。大学图书馆与公共图书馆可通过印刷型图书馆目录或在图书馆主页上利用电子型 OPAC 系统检索馆藏文献资源。目前，国内外大多数文献服务机构都在自己的网站提供 OPAC 的馆藏目录和联合目录免费供读者进行检索。常用的检索字段有书名、作者、ISBN、年份、出版社、分类法等，也可以进行多字段组配检索。本节主要介绍国内常用的图书信息联机馆藏目录系统，主要有中国高等教育文献保障系统（China Academic Library & Information System，简称 CALIS）、江苏省高等学校文献信息保障系统（Jiangsu Academic Library Information System，简称 JALIS）、开世览文（China Academic Humanities and Social Sciences Library，简称 CASHL）和国家科技图书文献中心（National Science and Technology Library，简称 NSTL）。CALIS 的骨干服务体系由 4 大全国中心（文理中心——北京大学，工程中心——清华大学，农学中心——中国农业大学，医学中心——北京大学医学部）、7 大地区中心（东北——吉林大学，华东北——南京大学，华东南——上海交通大学，华中——武汉大学，华南——中山大学，西南——四川大学，西北——西安交通大学）、除港澳台之外的 31 个省级（省、自治区、直辖市）中心和 500 多个服务馆组成。这些骨干馆的各类文献资源、人力资源和服务能力被整合起来，支撑着面向全国所有高校的共享服务。CALIS 检索数据范围包括中文、西文、日文，提供题名、著者、主题、全面检索、分类号、ISSN 和 ISBN 等检索途径，也可通过高级检索进行多字段逻辑组配检索。

JALIS 是 CALIS 建设的一个组成部分，JALIS 的管理中心设在南京大学，下设 8 个地区/学科中心和 4 个书刊采编中心，按照江苏省高校的地域布局和专业特色布局，依托各地区/学科的中心馆，各个地区/学科中心面向本地区和学科群的基层馆提供服务，各个中心按年度向上级的中心汇报工作，接受管理中心的统一部署，开展服务，从而形成“管理中心—学科/地区中心—基层图书馆”的三级服务网络体系。JALIS 可提供题名、刊名、作者、出版社、分类等检索字段的组配检索。

CASHL 是中国高校人文社会科学文献中心的英文简称，其宗旨是组织若干所具有学科优势、文献资源优势和服务条件优势的高等学校图书馆，有计划、有系统地引进国外人文社会科学期刊，借助现代化的服务手段，为全国高校的人文社会科学教学和科研提供高水平的文献保障，是全国性的唯一的人文社会科学外文期刊保障体系。

NSTL 是科技部联合财政部等六部门，经国务院领导批准成立的一个基于网络环境的科技文献信息资源服务机构，由中国科学院文献情报中心、中国科学技术信息研究所、机械工业信息研究院、冶金工业信息标准研究院、中国化工信息中心、中国农业科学院农业信息研究所、中国医学科学院医学信息研究所、中国标准化研究院标准馆和中国计量科学研究院文献馆 9 个文献信息机构组成。该中心以构建数字时代的国家科技文献资源战略保障服务体系为宗旨，按照“统一采购、规范加工、联合上网、资源共享”的机制，采集、收藏和开发理、工、农、医各学科领域的科技文献资源，面向全国提供公益的、普惠的科技文献信息服务。NSTL 提供文献检索、全文提供、网络版全文、目次浏览、目录查询等。

7.2.2.3　电子图书检索工具

传统印刷型图书由于加工、出版周期长、内容更新慢等缺点使得图书文献在信息交流与传播方面暴露出很多缺陷。随着数字化技术的发展，出现了电子图书形式的文献资源，电子图书由于其以光、电、磁等为载体，具备价格成本低廉、绿色环保、出版周期快、知识信息更新速度快等优势，逐渐成为一种新型的网络信息传播方式。电子图书的兴起同时伴随着电子图书检索工具的不断出现，如近年来许多高校和科研机构购买的超星数字图书馆、中国数字图书馆、读秀学术搜索、方正 Apabi 数字资源平台等检索图书的工具，还有时下流行的一些兼具网络图书检索功能的商业性网站，如当当网上书店、亚马逊网上书店、中国图书网、中华读书网等。

1. 超星数字图书馆

超星数字图书馆（http：//edu. sslibrary. com /）作为中文在线数字图书

馆之一，提供大量的电子图书资源，其中包括文学、经济、计算机等五十余大类，数百万册电子图书，500 万篇论文，大量免费电子图书，超 16 万集的学术视频，拥有超过 35 万授权作者，5300 位名师，一千万注册用户，是目前世界最大的中文在线数字图书馆。超星数字图书馆有免费图书馆、会员图书馆、电子书店、社区和帮助等栏目，检索字段包括全文字段、书名、作者和全文检索。免费图书馆提供分类检索，会员图书馆提供二级分类检索。使用超星数字图书馆之前需要下载超星阅读浏览器，安装完成后方可进行电子图书的下载和浏览。

2. 读秀学术搜索

读秀学术搜索（www. duxiu. com）是超星推出的产品，是由海量全文数据及资料基本信息组成的超大型数据库，为用户提供深入到图书章节和内容的全文检索，部分文献的原文试读，以及高效查找、获取各种类型学术文献资料的一站式检索，周到的参考咨询服务，是一个真正意义上的学术搜索引擎及文献资料服务平台。读秀学术搜索主要有以下 4 种检索图书文献的方式：①图书分类导航，点击主页中检索框右侧的“分类导航”按钮，可对图书进行浏览；②图书普通检索，在主页的检索框中直接输入检索词，检索词的检索字段主要有全部字段、书名、作者、主题词，然后可进一步点击“中文搜索”或“外文搜索”，直接获取中文或外文图书资料；③图书高级检索，点击主页中检索框右侧的“高级检索”按钮，进入高级检索界面，通过各种检索字段组配进行图书文献检索；④图书专业检索，在高级检索界面中可切换至专业检索，在文本框中根据检索示例进行检索式编辑和检索。

第 8 章　学术论文撰写与发表

8.1　学术论文概述

8.1.1　学术论文的含义

进行信息检索活动只是提高学习、生活和工作效率的有效手段之一，重要的是如何利用这些检索到的信息知识去解决生产、生活和研究中遇到的问题，而信息检索活动更高级的目的是从事创新活动的必然行为。在科研活动中创新活动最重要的体现，是学术论文的撰写与发表，是人们将信息知识检索用于实践研究的重要成果体现。学术论文的创作与发表能够充分体现一个科研工作者在科学研究的理论与实践、科研写作水平与能力、信息素养养成与提高等多方面的水准。因而在学术论文创作与发表中必须遵循一定的规范，必须符合国家相关法律法规的要求，这些是一个科研人员必须具备的最基本的学术道德与素养。

根据美国科学基金统计数据表明，科研人员在进行学术论文创作的全过程中，对于科研时间的分配方面，用于资料检索与消化的时间约占整个科研时间的 51%，计划思考占 8%，实验与研究占 32%，论文书面总结占 9%。可见，在科研人员进行学术论文创作之前，文献检索需要花费大量时间来完成。此外，通过文献检索，能够避免重复研究和走弯路，据统计，我国低水平重复研究现象比较严重，尤其省级及其以下科研项目，重复率达到50%，所以在进行学术论文创作之前必须进行完全的、充分的信息检索工作，否则很容易造成科研项目的重复研究，造成人力和物力的严重浪费。因此，学术论文的撰写与发表同文献检索有着紧密的联系性，在学术论文写作之前，未进行充分的文献检索，势必会造成重复性研究，甚至会出现内容和表述上的雷同，造成学术抄袭等不良学术行为。

学术论文是指某一学术课题在实验性、理论性、观测性上具有新的科研成果、创新见解或知识的科学记录；或是某些已知原理应用于实际中取得的新进展的科学总结。学术论文常被用于学术会议上宣读与交流，或是在学术刊物上发表，或用于其他用途。科研工作者撰写学术论文的主要目的在于：交流科学研究过程中的心得体会；传播学术研究思想、分享科研成果；发现科研过程中的新理论，推动科学发展；探讨学术研究中的争议和分歧，解决实际问题等。从事学术研究的科研工作者在进行学术论文创作与发表过程中，应做到尊重和重视实践、潜心治学；在科研中要善于探索和发现，善于总结新思想、新理论和新成果。

8.1.2 学术论文的类型及特征

学术论文类型有许多种，我们按照学术论文的写作目的和发挥作用的不同，将学术论文划分为学术性论文、综述性论文和技术性论文三类，其特征介绍如下。

8.1.2.1 学术性论文

学术性论文指专业技术领域内的专业人员提供给学术性文献出版机构而发表的学术论文，这里的专业人员主要包括从事各种学科领域的研究人员、教学人员和生产一线的科技人员等。学术性论文反映了某学科领域内最新的科学研究成果和发展动态，对该学科及相关学科领域的科学技术进步起着重要的推动作用。学术性论文的科学价值较高，往往具有较新的研究观点、分析研究方法、数据及结论。学术性论文的数量和质量在一定程度上能够反映出个人、机构和国家在科学技术研究中的学术水平和学术地位。

8.1.2.2　综述性论文

综述性论文指撰稿人在全面系统地收集、阅读、分析、归纳和整理大量相关文献的基础上，对所研究的学科领域一定时期内存在的问题、已有研究成果、发展趋势等进行研究的专题调研报告。综述性论文与其他学术论文的区别在于不要求研究内容的创新性，可以仅是对某学科领域在特定时期内的发展规律和国内外趋势的研究。此类论文对撰稿人的学术能力和水平要求较高，撰稿人一般是某一学科领域内的专家、资深学者等科研人员。

8.1.2.3　技术性论文

技术性论文指工程技术人员为报道工程技术领域的研究成果而撰写的论文。技术性论文的研究成果主要是应用国内外已有理论，解决工程技术领域中遇到的技术问题，如设计、技术、工艺、设备和材料等问题。技术性论文对工程技术领域的进步和生产力的提高起到推动作用，因此这类论文应具有技术的先进性、实用性和科学性。

8.2　学术论文的选题

选题是进行学术论文创作与发表的首要环节，对论文创作的主要方向和目标起着决定性作用。学术论文的科研水准和质量主要取决于所选课题的价值性，一个好的选题是学术论文创作成功的前提条件，能够起到事半功倍的作用。选题的好坏直接决定学术论文的质量高低和价值大小。论文选题要注意掌握以下原则：（1）选题的价值性。选题的价值性也叫作需要性，是指科研本身要具备一定的价值，也要满足社会的需求。价值性主要体现在研究课题的实际应用价值和科研学术价值两个方面。（2）选题的学术性。研究课题不仅要考虑社会需求，还应考虑研究课题本身的科研学术价值，具有较高学术价值的选题是创作出高质量论文的基础。（3）选题的可行性。选题的可行性主要从主观和客观两个方面考虑。主观条件需要考虑研究者本身的专业特长与优势、兴趣喜好与研究积极性、能力与水平等，客观条件包括如研究设备、器材、资料、经费等是否满足。

8.3 学术论文的材料收集

学术论文在创作与发表前，除进行周密的选题思考外，在选题之前还要进行资料的收集工作。只有通过查阅大量与研究课题相关的文献资料，了解课题的国内外发展动态，才能更好地为选题和定题提供参考和准备工作。材料是学术论文创作的核心部分，是进行科学研究的基础，材料的收集整理工作需要论文创作者具备一定信息素养基础，这样能够避免因查阅资料、搜集资料而耗费的大量时间和精力。在收集材料的过程中，应注意以下几点：（1）了解和掌握所研究课题的国内外的研究现状；（2）总结他人对研究课题相关内容的论述和观点；（3）抓住研究课题的核心问题；（4）做好对所收集资料的整理与分类。

8.4 学术论文的撰写与修改

根据上述对材料收集、整理的过程后，初步拟定学术论文撰写提纲。学术论文提纲是论文的基础框架和总体安排，是创作者研究思路和运用文献资料的具体表现。俗话说“好记性不如烂笔头”，随时在查阅资料、整理资料、消化资料的过程中，将课题研究思路以提纲的形式记录下来，不仅便于导师指导、修改和调整其内容与结构，也可避免初稿完成后需要再修改所造成的时间和精力的浪费。提纲也并非一成不变，在学术论文撰写中可根据研究的必要随时进行修改。根据拟定完成的提纲，便可以开始进行学术论文初稿的撰写工作。学术论文往往在初稿撰写过程中，要求创作者不断地开阔思维和思路，边撰写边修改，最终完成学术论文的撰写。也就是说，修改是贯穿于学术论文撰写的整个过程中。

8.5　学术论文的基本结构

为便于学术论文报道的理论研究成果的收集、储存、处理、加工、检索、利用、交流和传播，国家有关部门对学术论文编写格式发布实施了三个主要的国家标准：《科学技术报告、学位论文和学术论文的编写格式》（GB/T7713－1987）、《学位论文编写规则》（GB/T 7713.1－2006）和《文后参考文献著录规则》（GB/T7714－2005）。对于这些国家标准，许多学者了解得不够全面和准确，以至于在学术论文写作中出现一些不规范问题。

学术论文根据其内容的不同，构成形式也多种多样。根据国家标准《科学技术报告、学位论文和学术论文的编写格式》（GB/T7713－1987）中对学术论文的编写格式规定，学术论文主要由前置部分和主体部分组成，有些科研论文还会包括附录部分。

（1）学术论文前置部分主要包括论文的标题、作者、作者单位、摘要和关键词。（2）学术论文主体部分主要包括引言或前言、正文、参考文献和致谢。（3）附录是对学术论文主体部分的补充说明，并非所有文献都必须包含附录部分，视具体研究内容确定。

8.6　参考文献著录规范

《文后参考文献著录规则》是一项专门供著者和编辑编撰文后参考文献所参照的国家标准，在著录项目的设置、著录格式的确定、参考文献的著录以及参考文献表的组织等方面应尽可能与国际标准保持一致，以达到共享文献信息资源的目的。国际上有好几种参考文献著录方法，而我国目前现行的参考文献著录标准为《信息与文献　参考文献著录规则》（GB/T 7714－2015）。该标准替代的历次版本为 GB/T 7714－1987 和 GB/T 7714－2005，适用于著者和编辑著录参考文献，而不是供图书馆员、文献目录编制者以及索引编辑者使用的文献著录规则。该标准规定采用“顺序编码制”“著者—出版年制”两种参考文献标注方式。顺序编码制是目前我国书刊和学术论文普遍采用的参考文献标注方式。该标准主要文献类型的参考文献著录格式如［1］～［6］举例，著录格式依次为期刊、专利、学位论文、会议论文、标准、图书。其他文献类型如专著中析出的文献、论文集、会议录、电子资源等著录格式请参照《信息与文献　参考文献著录规则》（GB/T 7714－2015）进行著录，本节不再一一赘述。

［1］王永生，李玉恒，刘彦随．水资源约束下中国沙化土地整治工程与区域农业可持续发展研究——以陕西省榆林市为例［J］．中国科学院院刊，2020，35（11）：1408－1416.

［2］陈军．一种农业工程用土壤采样装置［P］．中国：CN211697042U，2020－10－16.

［3］苏治．生态文明战略下循环农业发展路径仿真及建设研究［D］．西安：西安理工大学，2020.

［4］曹卫星，姚霞，程涛，等．作物生长监测技术的研究与应用［A］．中国作物学会．2019 年中国作物学会学术年会论文摘要集［C］．中国作物学会：中国作物学会，2019：1.

［5］NY/T 2081－2011，农业工程项目建设标准编制规范［S］.

［6］刘春英．鄱阳湖湿地植物对重金属的转运机制研究［M］．北京：新华出版社，2017.

8.7　学术论文的投稿

8.7.1　投稿目的

学术论文的撰写过程是总结科学研究成果、体现研究者科研水平的重要过程，多数学术论文最终需要发表在具有影响力的期刊等文献类型上。这不仅仅是研究成果的体现，更重要的是通过论文发表，可以加强同行之间的学术思想交流，推动学术研究成果的实际应用，体现学术论文的实际价值。

8.7.2　投稿过程

（1）科研工作者在进行学术论文投稿前，需要做好投稿前的准备工作：①撰写好的学术论文要具备科学研究或学术思想的创新性、研究实验的严谨性、数据资料的真实性、结论的客观性、撰写格式规范性等。②了解所投刊物的征稿要求，如投稿期刊的主题内容、文字数量、论文类型、著录格式、版面费等，可通过投稿刊物的官方网站了解这些信息，也可通过电话等方式咨询期刊编辑部。投稿前的准备工作很重要，有助于提高论文的录用率。

（2）根据编辑部的征稿要求，针对性地选择与征稿要求专业相符、学术水平相近的编辑部进行投稿，向编辑部投稿时可采用电子邮件、邮寄打印稿等投稿方式。

（3）投稿后及时跟踪论文录用情况，可通过打电话、发邮件、写信等方式向编辑部了解论文录用动态。学术论文投稿后，是否录用，一般有三种情况：①直接录用。这是所有投稿者最希望得到的结果。②退回修改后继续审稿。收到这样的稿件信息，应严格按照要求修改论文，并及时发回审稿机构。③不予录用——退稿。这是所有投稿者不希望看到的结果，这时可根据稿件退稿原因，认真分析原因、完善论文内容，继续投稿或改投他刊。

8.7.3 投稿注意事项

对于很多初次投稿的作者来说，投稿时需要注意以下几条：（1）选择正式的出版物。所谓正式出版的期刊是指同时具有 ISSN 号与 CN 号的刊物。ISSN 号即国际标准刊号，一般期刊、会议录具有 ISSN 号，CN 号即国内期刊统一刊号，是中国报刊的代号，是报刊管理部门为了便于报刊统计、管理而按一定规则进行编排的号码总称。查询某刊物是否属于正式出版物，可通过登录国家新闻出版署的官方网站进行查询，如图 8－1 所示。（2）跟踪出版物的征稿信息。在平时工作中要及时关注所学专业领域内的相关刊物的征稿启事等信息，了解期刊办刊方针和选刊规则，把握好未来投稿的方向。（3）认真修稿退回稿件。对于退回重新修改的稿件论文，一定要按照编辑部给出的审稿意见进行修改和完善，切勿再按照自己的想法随意改动稿件内容等，以免增加退稿的可能性。（4）合理处理论文合作者的情况。对于多作者署名的论文，第一作者应征得其他作者挂名的书面同意并附同意书，向编辑部出示证明。（5）遵守《著作权法》中论文引用等规定。严格按照《著作权法》中对其他文献合理引用等的规定，以免造成抄袭剽窃、不正当引用、不当署名等问题。

图 8－1　国家新闻出版总署出版机构查询

8.7.4　投稿对象的选择

学术论文撰写完成后，选择合适的投稿对象也是至关重要的一步，主要的投稿渠道有以下几种。（1）专业刊物。专业刊物是学术论文交流、探讨和传播的重要途径，是学术论文体现其价值的重要平台。由于期刊出版速度快、时效性强、信息量大，以及具有传播新研究和新技术、专业性较强等特点，已成为科研工作者学术交流与探讨的重要渠道。尤其是专业领域内的核心期刊、国际顶级刊物、同行评议刊物等备受投稿人的关注。（2）学术会议渠道。学术会议是某学科领域内召开的学术讨论会、技术研讨会和经验交流会等，是学术论文得到快速交流和传播的又一重要渠道。学术会议在会前、会中和会后都会产生一些呈现学术交流成果的资料、论文集等，形成重要的会议文献，供某领域学术研究者进行学术交流和探讨。（3）网络出版。

网络出版流程一般是作者投稿到开放存取期刊并支付审稿费，然后在网络进行传播以供读者免费阅读。由于网络传播打破了传统出版的学术交流模式的限制，具有传播速度快、更新速度快等优势，使得学术研究成果能够更高效的在同行之间进行学术探讨。

8.8 学术规范

学术规范是从事学术研究活动的行为规范，是在学术实践活动中逐渐形成并做到规范化的行为规定，是从事学术研究的科研人员必须遵循的原则和准则。学术实践活动主要包括学术研究、学术出版、项目申报、成果鉴定、职称评审、学术评价、学术批评、学术管理等很多形式。学术规范是指在尊重知识产权和学术伦理的基础上，严禁抄袭剽窃，尊重已有的学术研究成果和事实真相，并通过引证、注释等形式对引用文献加以明确说明，从而形成一个有序的、良好的学术环境和学术研究氛围。为切实加强学术规范建设，国家各部委相继出台了一些指导性文件，如《高等学校哲学社会科学研究学术规范》《关于进一步加强和改进师德建设的意见》《关于树立社会主义荣辱观进一步加强学术道德建设的意见》等。各高校为贯彻落实国家相应指导性文件精神，也制定出一些学术道德管理条例，以便更好地开展工作。

8.9 学术侵权

科研工作者在学术研究过程中必须遵循学术规范，但在现实科学研究中不忠实于学术规范的各种行为仍然不断发生，甚至到了发生学术侵权行为的地步。学术侵权违反我国《著作权法》的规定，是一种严重地违反学术道德的失范行为。学术侵权是指在学术论文创作过程中侵犯他人知识产权的行为，通常表现为违背学术规范、抄袭剽窃学术思想和学术观点、不适当引用他人学术论著、不正当署名、一稿多投等。

8.9.1　抄袭剽窃

我国相关法律法规明文规定，在学术研究活动中严禁抄袭剽窃他人作品，但并未对抄袭剽窃作明确说明和详细解释。一般的理解是，将他人作品的形式、内容全部或部分做改动而作为自己的研究成果加以发表的行为被视为抄袭剽窃。抄袭和剽窃有时被认为是同义词，但在学术上却有着不同的认定。所谓抄袭，是指将他人已发表的研究成果不加以注释和说明，进行原文挪用的行为；剽窃是指将他人已发表的研究成果不加以注释和说明，仅做话语形态的一定变动后化为己有。无论是抄袭还是剽窃行为，都违反了国家规定的《著作权法》。

抄袭剽窃的方式多种多样，主要表现在内容和形式上。常见的具体表现形式有：（1）直接照搬他人文献中原文的语句、段落、整篇文献，甚至学术观点和学术思想；（2）将他人文献中的原文进行删减、调整顺序后，重新组成文献；（3）抄袭他人文献原文的写作思路和写作结构；（4）将不同文献组合成一个文献；（5）改变文献所论述的研究主体，仿照他人文献的写作方式，并使用他人文献中原文的方法和图表等；（6）将外文文献翻译后，以中文形式发表。

鉴于学术不端的严肃性，目前，通过技术手段解决抄袭剽窃这种学术不端等行为，国内外有一些相应的检测系统。国内科研院所常用的学术不端检测系统有"CNKI 科研诚信管理系统"和"万方论文相似性检测服务系统"。这两个检测系统分别以各自的全文数据库作为比对蓝本，基本能够实现对抄袭剽窃、伪造、篡改等学术不端行为的快速检测。CNKI 学术不端检测系统已成为国内很多编辑部、科研院所、出版社、学会协会等机构主要使用的检测系统。国外学术不端主要的检测系统有由 iParadigms 开发的 Turnitin，这是全球第一个检测抄袭剽窃的检测系统，已经应用于多所高校及科研机构，包括美国加州大学伯克利分校、杜克大学、德国汉堡大学等。由 CrossRef 与 iParadigms 共同开发的抄袭剽窃检测系统 CrossCheck 已成为爱思唯尔(Elsevier)、Wiley－Blackwell、牛津出版社等全球知名学术界和出版界广泛使用的学术不端检测系统。

8.9.2 不适当引用

在学术研究过程中，研究人员不可避免地引用前人或者他人的研究成果，这是研究过程中的普遍情况，但是过度引用就是抄袭，或被认为是不适当引用。《著作权法实施条例》中规定："适当引用他人已发表的作品，必须具备以下条件：（1）引用目的仅限于介绍、评论某一作品或者说明某一问题；（2）引用部分不能构成引用人作品的主要部分或实质部分，'主要部分'主要是对量的规定，'实质部分'是对质的规定；（3）不得损害被引用作品著作权人的权益。"反之，不适当引用就是将他人作品作为研究成果的主要部分或实质部分，以及引用他人作品后造成对著作权人权益的损害。其中，从质上看，"所引用部分不能构成引用人作品的主要部分或者实质部分"，即使在量上达到适当引用，但是实质内容的核心论点是他人的，即使没有引用他人的原话或引用数量不超过法律规定的范围，而且也注明了出处，也属于不适当引用。

《著作权法》中还对合理使用必须具备的条件做了明确规定：（1）使用他人作品，不得影响该作品的正常使用，也不得损害著作权人的合法权利；（2）使用他人作品时，应当指明作者姓名、作品名称，但是当事人另有约定或者由于作品使用方式的特性无法指明的除外；（3）使用的目的仅限于为个人学习、研究或欣赏，或者为了教学、科学研究、宗教或慈善事业以及公共文化利益的需要；（4）使用的作品已经发表。判断使用他人作品行为的合理性时，必须综合考虑，只要不具备其中任何一个条件，合理使用即不能成立。一般来说，学术论文引用已经发表的作品，只要注明了作者姓名和作品名称，不影响该作品的正常使用，就属于在合理使用范围。

因此，在学术论文撰写与发表中，要区分“适当引用”“不适当引用”和“合理使用”应具备的条件与范围，做到合理使用和适当引用。

8.9.3　不正当署名

《著作权法》中规定：“署名权是作者经智力活动创作后，在所形成的作品（包含复印件）上标有姓名的权利。署名权是表明作品的作者身份、作品与作者的内在关联性。不当署名是指未参加实际研究或者论著写作，而在别人发表的作品中署名；通过不正当手段，偷换署名或改动署名顺序；未经合作者同意，以个人名义发表合作研究成果；在各类学术活动中，未经被署名人同意而署其名等。”

学术论文的署名是一个非常严肃的事情，《著作权法》中明确规定：“学术论文中的作者署名，只限于对该学术论文涉及的内容做出主要贡献的人们，按其贡献大小排列名次。”多位作者联合署名时，按照对学术论文的贡献度进行排名，不得以不正当目的随意颠倒作者署名顺序，一般第一作者是学术论文的直接创作者和主要贡献者，是论文的主要责任者，享有更多的权利和义务。因此在学术论文中署名时应实事求是，不应弄虚作假。不正当署名会造成对他人著作权的侵犯，对论文第一作者或主要责任者是不公平的。

8.9.4　一稿多投

我国《著作权法》中规定：“著作权人向报社、期刊社投稿的，自稿件发出之日起十五日内未收到报社通知决定刊登的，或者自稿件发出之日起三十日内未收到期刊社通知决定刊登的，可以将同一作品向其他报社、期刊社投稿。双方另有约定的除外。”也就是说，作者在规定之日内是不得一稿多投的。所谓一稿多投是指作者把自己的作品同时或者先后发给不同的出版社或其他媒体发表。造成一稿多投的原因有很多：(1) 违反《著作权法》中对一稿多投的规定；(2) 作者已获知作品即将发表，或已经发表，在其他出版社不知情的情况下，试图继续在其他出版物上发表内容相同或相近的论文；(3) 作者向不同出版社投稿的论文完全重复或大部分重复自己已投稿或已发表的论文。

一稿多投对编辑部、作者本人，甚至是团队造成的不良影响包括：(1) 违背了《著作权法》中的相关规定；(2) 对投稿刊物进行多次重复投稿，造成对刊物版面的重复占用和浪费；(3) 使读者会认为编辑不负责任，带来重复信息，降低阅读价值；(4) 造成编辑的重复性劳动；(5) 影响作者本人、甚至团队的声誉，学术诚信受到质疑。

第9章　水利学文献检索案例

9.1　课题名称：检索喀斯特石漠化地区节水灌溉技术研究

9.1.1　分析研究课题

石漠化也称为石质荒漠化，喀斯特石漠化是指在亚热带脆弱的喀斯特环境背景下，受人类不合理社会经济活动的干扰破坏所造成的土壤严重侵蚀，基岩大面积出露，植被破坏，水土流失，土地生产力严重下降，地表出现类似荒漠景观的土地退化。喀斯特石漠化是土地荒漠化的主要类型之一。从成因来说，导致石漠化的主要因素是人为活动。由于长期以来自然植被不断遭到破坏，大面积的陡坡开荒，造成地表裸露，加上喀斯特石山区土层薄，基岩出露浅，暴雨冲刷力强，大量的水土流失后岩石逐渐凸现裸露，呈现“石漠化”现象。

节水灌溉是指以最低限度的用水量获得最大的产量或收益，也就是指最大限度地提高单位灌溉水量的农作物产量和产值的灌溉措施。节水灌溉的主要措施包括渠道防渗、低压管灌、喷灌、微灌和灌溉管理制度。

喀斯特石漠化是特殊的地形地貌，石多土少，易受外力侵蚀，水土流失严重。在喀斯特石漠化地区的节水灌溉发展上，存在资金投入不足、节水模式单一、节水技术水平低、管理体制不完善和法律体制不健全等问题。实施节水灌溉技术，不仅可以增加喀斯特石漠化地区的农民收入，而且能够改善当地的生态环境，对促进当地经济发展具有重要带动作用。

9.1.2 制定检索策略

1. 选择检索工具

本课题主要以计算机检索工具为主，根据查找与水利学领域相关的数据库作为主要检索数据库。具体选用的检索数据库有：CNKI 数据库、维普数据库、万方数据库、Ei 工程索引、超星读秀搜索。查找的文献类型涉及期刊、会议论文、专利文献、标准文献、图书资料等。

2. 选择检索方法

本课题涉及节水灌溉技术研究，主要需要获取近年来国内外关于石漠化地区的节水灌溉技术的研究情况，所以选择循环法，即工具法和引文追溯法相结合。

3. 选择检索途径

本课题在检索过程中，主要检索途径可分为主题和分类两大类，可根据文献类型选择不同的检索途径。

4. 提取检索词

中文检索词有喀斯特、石漠化、石质荒漠化、节水灌溉、渠道防渗、低压管灌、喷灌、微灌。

英文检索词有 Karst、Stony Desertification、water - saving irrigation、irrigation、Canal seepage control、Low pressure pipe irrigation、Sprinkler irrigation、sprinkling irrigation、spray irrigation、Micro irrigation。

5. 构造检索式

确定各检索词之间的逻辑运算关系：石漠化 or 石质荒漠化、渠道防渗

or 低压管灌 or 喷灌 or 微灌、喀斯特 and 石漠化 and 节水灌溉

检索式1：喀斯特 and（石漠化 or 石质荒漠化）and 节水灌溉

检索式2：喀斯特 and（石漠化 or 石质荒漠化）and（渠道防渗 or 低压管灌 or 喷灌 or 微灌）

9.1.3　试验性检索

1. 以 CNKI 总库做试验性检索

以 CNKI 总库做试验性检索，检索之前先选择学术期刊、博硕、会议、专利、标准、成果和图书文献类型，然后通过高级检索按钮进入高级检索界面后切换至专业检索；年份选择 2005 年至今；中英文扩展为默认，可考虑先勾选。

根据专业检索对检索式的编辑格式要求，将检索式 1 和检索式 2 按照专业检索式进行修改，检索式中先以检索途径范围最广的 TKA 篇关摘检索途径为主，检索式修改如下：

检索式1：TKA =（‘石漠化’ + ‘石质荒漠化’）* ‘喀斯特’ * ‘节水灌溉’

检索式2：TKA =（‘石漠化’ + ‘石质荒漠化’）* ‘喀斯特’ *（‘渠道防渗’ + ‘低压管灌’ + ‘喷灌’ + ‘微灌’）

分别用检索式 1 和检索式 2 进行检索，检索式 1 得到 10 条检索文献（图9－1），检索式2 得到4 条检索文献（图9－2）。在试验性检索过程中采用检索范围最广的篇关摘检索途径进行检索后，检索结果较少，因此不需要再进行检索途径、检索式的修改，可作为正式检索的检索式。

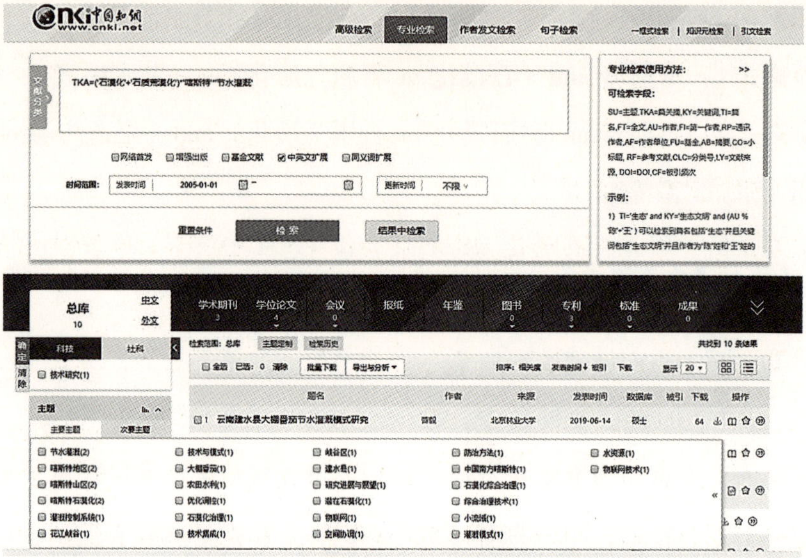

图 9－1　CNKI 数据库检索式 1 专业检索结果

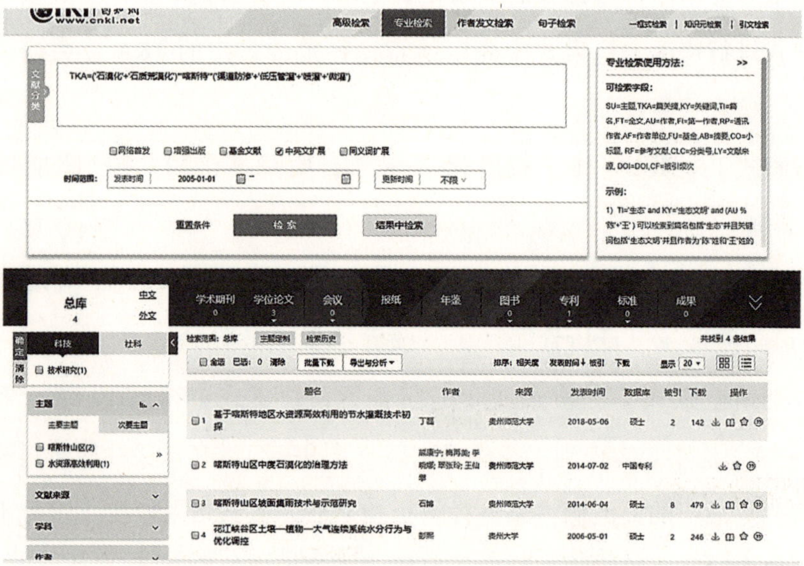

图 9－2　CNKI 数据库检索式 2 专业检索结果

2. 以维普数据库做试验性检索

以维普数据库做试验性检索，进入维普专业检索界面，选择全部期刊，学科限定全选，年份选择2005—2020年。

根据专业检索对检索式的编辑格式要求，将检索式1和检索式2按照专业检索式进行修改，检索式中先以检索途径范围最广的U任意字段检索途径为主，检索式修改如下：

检索式1：(U=(石漠化 OR 石质荒漠化)) AND U=喀斯特 AND U=节水灌溉

检索式2：(U=(石漠化 OR 石质荒漠化)) AND U=喀斯特 AND U=((渠道防渗 OR 低压管灌 OR 喷灌 OR 微灌))

分别用检索式1和检索式2进行检索，检索式1得到7条检索文献（图9-3），检索式2得到0条检索文献。在试验性检索过程中采用检索范围最广的任意字段检索途径进行检索后，检索结果较少，因此也无须进行检索途径、检索式的修改，可作为正式检索的检索式。由于得到的检索结果较少，也无须为检索词加上双引号以精确检索结果。

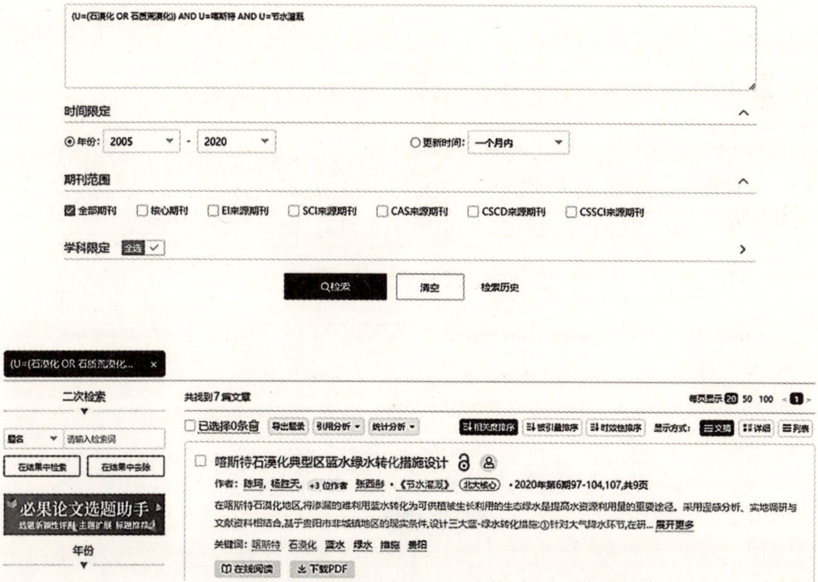

图9-3 维普数据库检索式1专业检索结果

3. 以万方数据库做试验性检索

以万方数据库做试验性检索，进入万方专业检索界面，选择期刊、学位、会议、专利、中外标准、科技成果和科技报告文献类型，进行中英文扩展和主题词扩展限定，年份选择2005—2020年。

根据专业检索对检索式的编辑格式要求，将检索式1和检索式2按照专业检索式进行修改，检索式中先以检索途径范围最广的U任意字段检索途径为主，检索式修改如下：

检索式1：主题：((“石漠化” or“石质荒漠化”) and (“喀斯特”) and (“节水灌溉”))

检索式2：主题：((“石漠化” or“石质荒漠化”) and (“喀斯特”) and (“渠道防渗” or“低压管灌” or“喷灌” or“微灌”))

分别用检索式1和检索式2进行检索，检索式1得到8条检索文献（图9－4），检索式2得到4条检索文献（图9－5）。在试验性检索过程中采用检索范围最广的主题字段检索途径进行检索后，检索结果较少，因此也无须进行检索途径、检索式的修改，可作为正式检索的检索式。由于得到的检索结果较少，也无须为检索词加上双引号以精确检索结果。

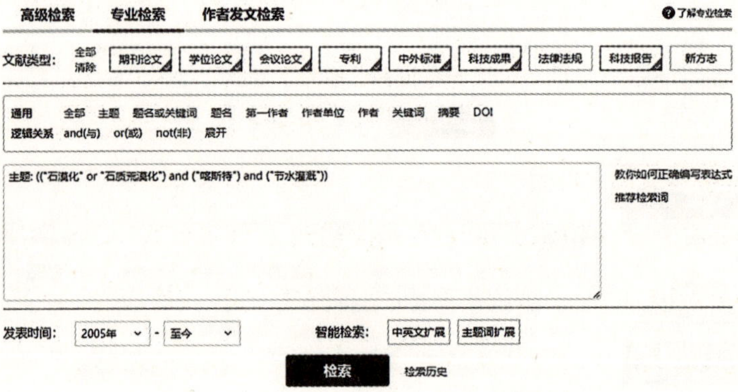

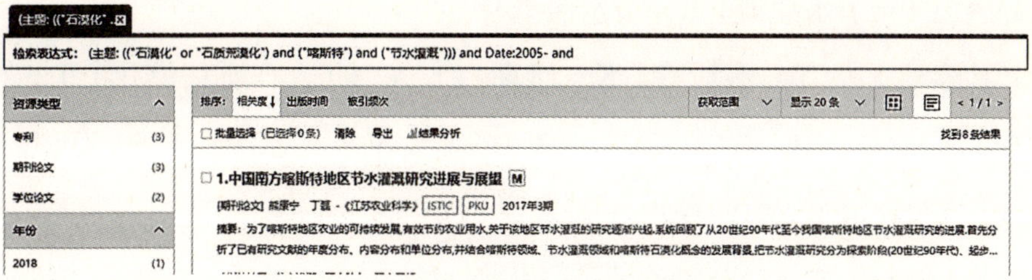

图 9－4　万方数据库检索式 1 专业检索结果

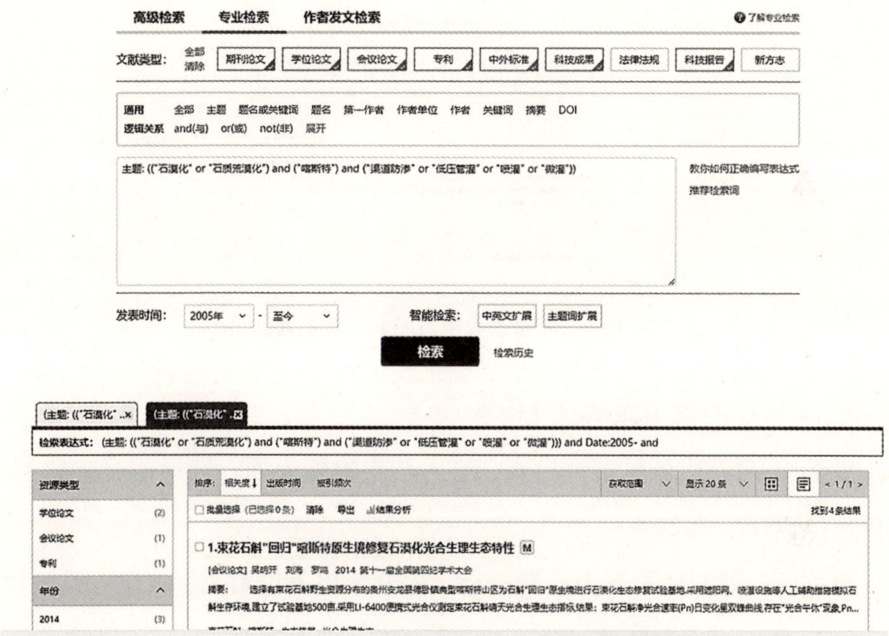

图 9－5　万方数据库检索式 2 专业检索结果

4. 超星读秀图书搜索

在超星读秀专业检索界面中输入检索式 1 和检索式 2，检索结果均为 0；输入检索式 3 检索到 19 条关于喀斯特石漠化方面的图书资料（图 9－6）。

检索式 1：（T＝喀斯特｜K＝喀斯特）＊（K＝石质荒漠化｜K＝石漠化）＊（K＝渠道防渗｜K＝低压管灌｜K＝喷灌｜K＝微灌）

检索式 2：（T＝喀斯特｜K＝喀斯特）＊（K＝石质荒漠化｜K＝石漠

化）＊（T = 节水灌溉 | K = 节水灌溉）

检索式 3：（T = 喀斯特 | K = 喀斯特）＊（T = 石质荒漠化 | T = 石漠化）

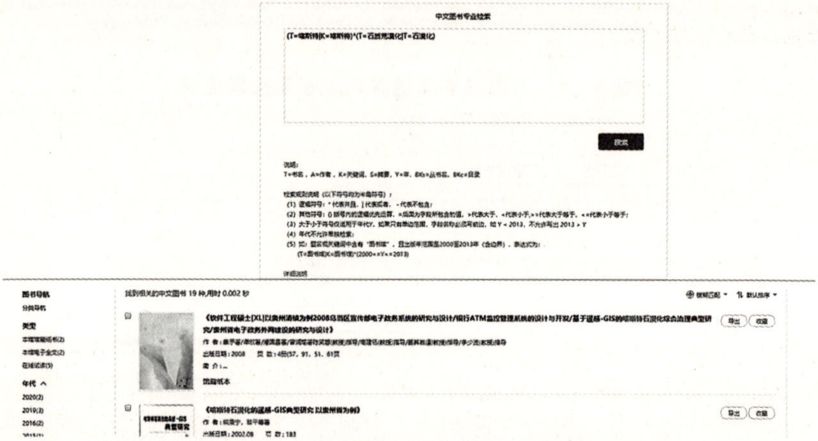

图 9－6　超星读秀中文图书专业检索结果

5. 以 Ei 工程索引做试验性检索

以 Ei 工程索引做试验性检索，进入基本检索界面，选择所有文献类型，年份选择 2005—2021 年。

以主题/标题/摘要作为检索途径，先输入以下检索式进行试验性检索：

检索式 1：主题/标题/摘要：Karst and irrigation

检索式 2：标题：Karst and irrigation

将检索式中的检索词输入到基本检索框中进行检索，得到 104 条检索文献（图 9－7）；在试验性检索过程中采用主题/标题/摘要字段进行检索后，检索结果较多，可继续通过左侧筛选栏对检索结果进行更准确的筛选；再将字段限定在标题（图 9－8），得到 9 条检索结果。

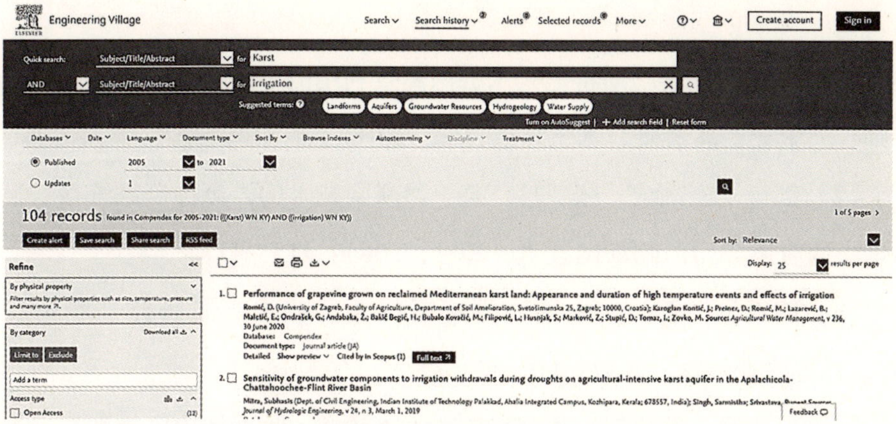

图 9－7　Ei 工程索引检索式 1 检索结果

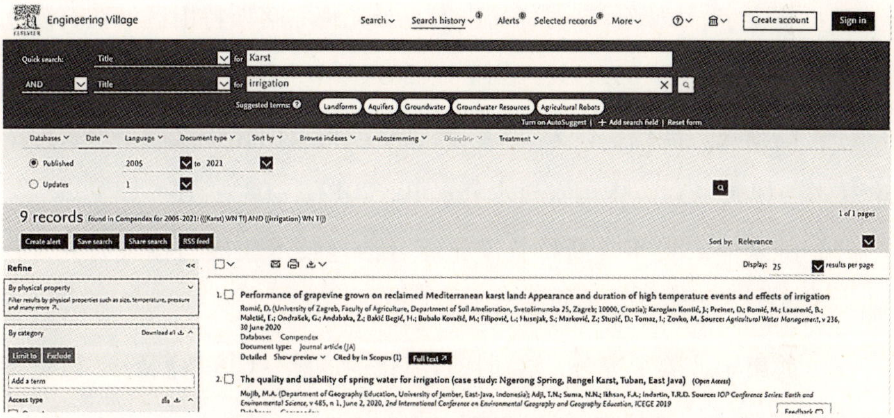

图 9－8　Ei 工程索引检索式 2 检索结果

9.1.4　正式检索

通过各数据库的试验性检索后，对检索结果较多的检索式可适当调整检索途径，以精确检索结果。反之可增加检索词或修改为检索范围较广的检索途径，增加或修改后再进行正式检索，最后根据课题要求对检索结果进行整理与分析。在本课题中，喀斯特石漠化地区节水灌溉方面的中外文研究相对较少，在试验性检索中可以基本完成对本课题的检索要求。检索结果整理如下：

[1] 丁磊．基于喀斯特地区水资源高效利用的节水灌溉技术初探［D］．导师：熊康宁；高渐飞．贵州师范大学，2018.

[2] 郝金平，高成，张亚玲．基于物联网技术的灌溉控制系统在石漠化治理中的应用［J］．物联网技术，2017，（06）：115－117.

[3] 熊康宁，丁磊．中国南方喀斯特地区节水灌溉研究进展与展望［J］．江苏农业科学，2017，（03）：1－5.

[4] 熊康宁，陈永毕，魏鹏，陈浒，韦清章．喀斯特山区轻度石漠化的治理方法：贵州，CN103931372A［P］．2014－07－23

[5] 熊康宁，罗娅，李晋，龚进宏，吴光梅．喀斯特山区潜在石漠化的防治方法：贵州，CN103911981A［P］．2014－07－09

[6] 高渐飞，熊康宁，吴克华．典型喀斯特石漠化小流域小型农田水利配套技术与模式［J］．中国农村水利水电，2012，（08）：16－19＋23.

[7] 陈永毕．贵州喀斯特石漠化综合治理技术集成与模式研究［D］．导师：熊康宁；苏孝良．贵州师范大学，2008.

[8] 熊康宁，黎平等著．喀斯特石漠化的遥感－GIS典型研究 以贵州省为例［M］．北京：地质出版社．2002.

[9] 杨子生等著．中国西南喀斯特石漠化土地整理及其水土保持效益研究 以滇东南西畴县为例［M］．北京：中国科学技术出版社．2009.

[10] 廖赤眉等著．广西喀斯特地区土地石漠化与生态重建模式研究 以都安瑶族自治县为例［M］．北京：商务印书馆．2006.

[11] 幸宏伟，赖力，刘玉洁著．喀斯特地貌石漠化景观与生态修复技术研究［M］．上海：上海交通大学出版社．2019.

[12] 陈珂著．喀斯特石漠化地区提高水资源利用研究［M］．武汉：武汉大学出版社．2019.

［13］余霜编著．喀斯特地区农户参与石漠化治理行为研究 以贵州省为例［M］．北京：中国农业出版社．2015.

［14］刘霁著．工程建设对喀斯特石漠化地区生态影响与治理研究［M］．武汉理工大学大学出版社．2012.

［15］张学俭，陈泽健主编．珠江喀斯特地区石漠化防治对策［M］．北京：中国水利水电出版社．2007.

［16］基于3S技术的区域喀斯特石漠化过程、机制及风险评估［M］．北京：科学出版社．2014.

9.1.5 获取原文

通过以上各数据库对课题的检索，获得与本课题相关的一些信息，在全文数据库中可直接获取全文；对于题录型、文摘型数据库提供的检索结果，可通过全文型数据库获取全文。

9.1.6 课题检索结果分析

根据课题内容要求，通过上述各数据库的检索，能够收集到2005年以来关于喀斯特石漠化地区节水灌溉技术方面的国内外研究情况，能够满足本课题的研究需要。

9.2 水利学领域核心期刊检索实例

9.2.1 利用维普数据库检索核心期刊

登录维普数据库后，进入期刊导航界面，在左侧期刊检索栏的刊名检索途径下输入关于水利学研究领域的关键词汇，如输入检索词“水资源”（图9-9），检索到6本有关水资源方面的期刊，其中2本被中国科学引文数据库（CSCD）、北大核心收录，属于核心期刊。如果需要了解每本期刊中的论文情况，可直接点击期刊封面，进入期刊主页，进一步查看期刊中的文献，并可根据课题需求下载期刊中的全文。

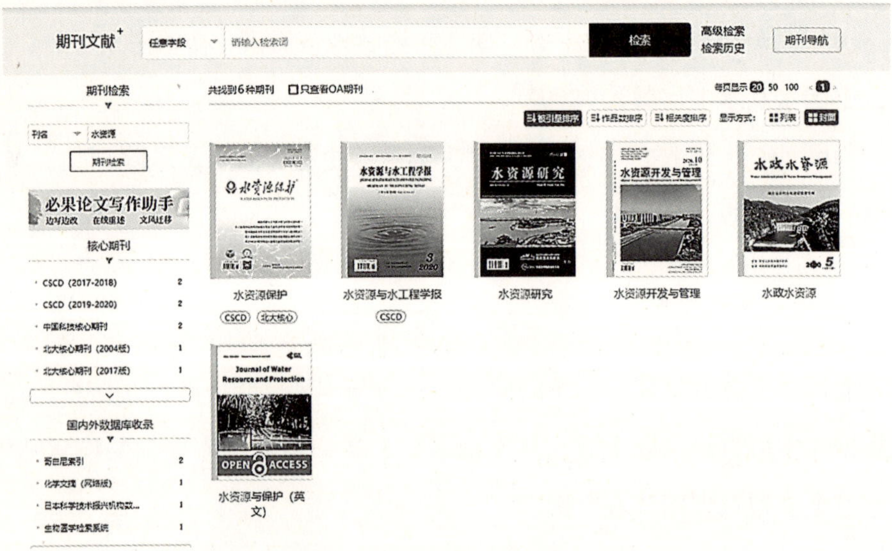

图9-9　维普数据库期刊导航页水资源核心期刊检索实例

此外，还可以在期刊导航页中的“水利工程”学科下检索水资源方面的核心期刊（图9-10）。在“水利工程”下的水文学及水资源中共有10本期刊，点击进入水文学及水资源的10本刊物显示界面（图9-11），可以看到有4本刊物被CSCD、北大核心收录，即为水资源方面的核心期刊。

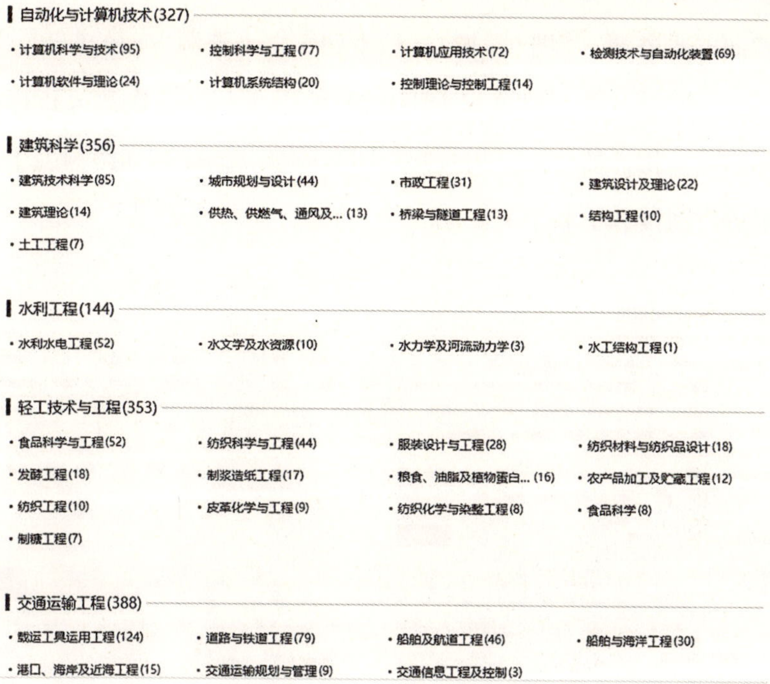

图 9－10　维普数据库期刊导航页水利工程核心期刊检索实例

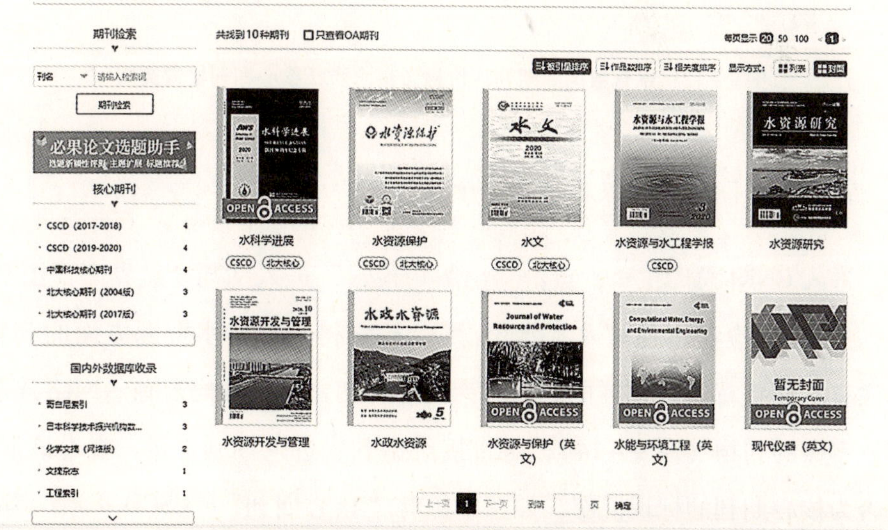

图 9－11　维普数据库期刊导航页水文学及水资源核心期刊检索实例

最后，还可以通过期刊评价报告检索界面中的直接查找栏，在刊名中输入检索词“水资源”（图 9 - 12），检索到 5 本水资源方面的期刊，在检索界面中可以同时查看 5 本刊物 11 年间的影响因子、被引次数等指标，可通过对比影响因子指标的大小，相对判断期刊质量，选择期刊影响因子较高的刊物文献进行阅读和下载全文。

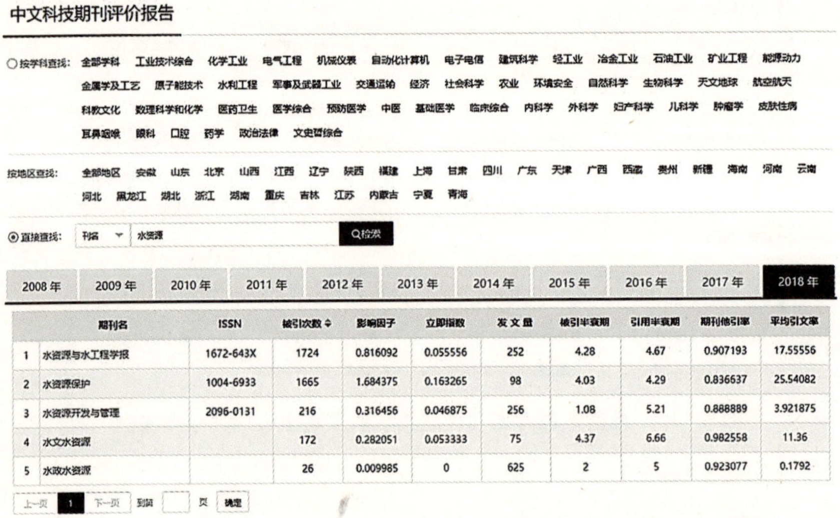

	期刊名	ISSN	被引次数	影响因子	立即指数	发文量	被引半衰期	引用半衰期	期刊他引率	平均引文率
1	水资源与水工程学报	1672-643X	1724	0.816092	0.055556	252	4.28	4.67	0.907193	17.55556
2	水资源保护	1004-6933	1665	1.684375	0.163265	98	4.03	4.29	0.836637	25.54082
3	水资源开发与管理	2096-0131	216	0.316456	0.046875	256	1.08	5.21	0.888889	3.921875
4	水文水资源		172	0.282051	0.053333	75	4.37	6.66	0.982558	11.36
5	水政水资源		26	0.009985	0	625	2	5	0.923077	0.1792

图 9 - 12　维普数据库期刊评价报告页水资源核心期刊检索实例

9.2.2　利用 CNKI 数据库检索核心期刊

进入 CNKI 总库主页，点击“出版物检索”进入期刊导航界面（图 9 - 13），在刊名检索途径输入“水资源”，检索得到 4 本水资源方面的刊物，标注有“网络首发”字样的刊物均为核心期刊，对于其他未有“网络首发”标注字样的刊物（图 9 - 14），可直接点击刊物进入期刊主页，查看该期刊是否为核心期刊的标识说明，如图中标有“核心期刊”“CSCD 扩展”等字样均表明该期刊为核心期刊。

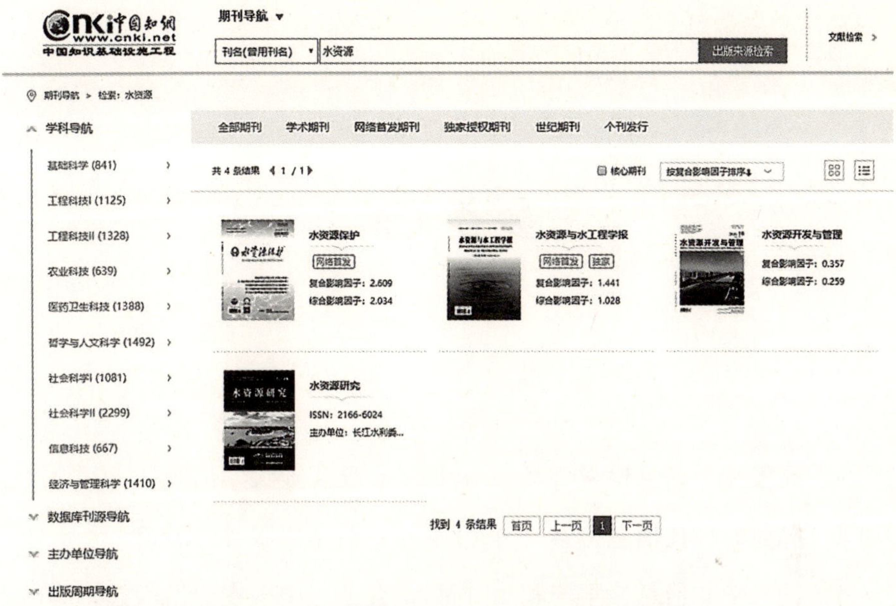

图 9－13　CNKI 数据库水资源核心期刊检索实例

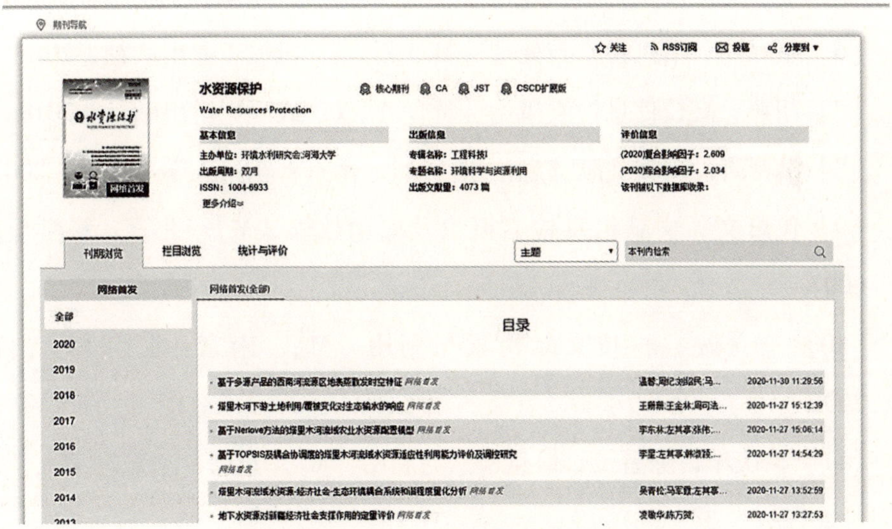

图 9－14　CNKI 数据库核心期刊标识

参考文献

[1] 高俊宽．信息检索［M］．合肥：合肥工业大学出版社，2011.

[2] 陈英．科技信息检索［M］．北京：科学出版社，2012.

[3] 杨长平．信息检索与利用［M］．北京：中国农业出版社，2014.

[4] 胡燕．高校信息检索概论［M］．武汉：武汉大学出版社，2018.

[5] 吴贤奇．现代文献信息检索［M］．南京：东南大学出版社，2007.

[6] 王知津．信息检索与处理［M］．北京：机械工业出版社，2015.

[7] 胡燕．高校信息检索概论［M］．武汉：武汉大学出版社，2018.

[8] 吴贤奇．现代文献信息检索［M］．南京：东南大学出版社，2007.

[9] 包忠文．文献信息检索概论及应用教程［M］．北京：科学出版社，2007.

[10] 王立诚．科技文献检索与利用［M］．南京：东南大学出版社，2006.

[11] 徐庆宁，陈雪飞．信息检索与利用［M］．上海：华东理工大学出版社，2012.

[12] 中国知网百度检索介绍．https：//baike. so. com/doc/2971200 - 3134255. html，2020. 10.

[13] CNKI 简介．https：//www. cnki. net/gycnki/gycnki. htm，2020. 10.

［14］维普资讯简介．http：//www. vipinfo. com. cn/html/ProductDetail. aspx？ id＝13，2020. 10.

［15］万方数据库公司简介．http：//www. wanfangdata. com. cn/link/index. do，2020. 10.

［16］CNKI 标准数据总库．https：//kns. cnki. net/kns8？ dbcode＝CISD，2020. 10.

［17］维普标准信息服务平台．http：//lib. hrbeu. edu. cn/2017/0417/c85a5076/page. htm，2020. 10.

［18］CNKI 全球学术快报 2. 0 使用手册 http：//piccache. cnki. net/index/helper/manuals. html#frame2－1－2，2020. 10.

［19］中外专利数据库．http：//c. wanfangdata. com. cn/patent，2020. 10.

［20］CNKI 专利库．https：//kns. cnki. net/kns8？ dbcode＝SCOD，2020. 10.

［21］CALIS 简介．http：//www. calis. edu. cn/pages/list. html？ id＝6e1b4169－ddf5－4c3a－841f－e74cea0579a0.

［22］JALIS 简介．https：//www. jalis. nju. edu. cn/about－jalis. html？ id＝34b152af6a9f4a4aae1d33c144634df3，2020. 10.

［23］NSTL 简介．https：//www. nstl. gov. cn/Portal/zzjg_ jgjj. html，2020. 10.

［24］超星读秀学术搜索．https：//www. duxiu. com/bottom/about. html，2020. 10.

［25］著作权法实施条例．https：//baike. so. com/doc/24348769－25160213. html，2020. 10.

［26］超星数字图书馆介绍 https：//baike. so. com/doc/5418007－5656166. html.

［27］《科学技术报告、学位论文和学术论文的编写格式》（GB/T7713－1987）https：//www. docin. com/p－1387109930. html.